얼기미로 걸러낸 해밀

한국현대수필 100년 사파이어문고 ⑭

김유진 수필집
얼기미로 걸러낸 해밀

인쇄 | 2023년 10월 25일
발행 | 2023년 10월 31일

글쓴이 | 김유진
펴낸이 | 장호병
펴낸곳 | 북랜드
　　　　06252 서울 강남구 강남대로 320, 황화빌딩 1108호
　　　　41965 대구 중구 명륜로12길 64(남산동)
　　　　대표전화 (02)732-4574, (053)252-9114
　　　　팩시밀리 (02)734-4574, (053)252-9334
　　　　등록일 | 1999년 11월 11일
　　　　등록번호 | 제13-615호
　　　　홈페이지 | www.bookland.co.kr
　　　　이-메일 | bookland@hanmail.net

책임편집 | 김인옥
기　　획 | 전은경
교　　열 | 배성숙 서정랑

ⓒ 김유진, 2023, Printed in Korea
* 저자와 협의하여 인지를 생략합니다.
* 이 판권은 저작권자와 북랜드에 있습니다.
* 이 책 내용의 전부 또는 일부를 재사용하려면 양측의 동의를 받아야 합니다.

ISBN 979-11-7155-006-7 03810
ISBN 979-11-7155-007-4 05810 (E-book)

값 15,000원

이 사업은 경상남도 진주시 진주문화관광재단에서 사업비 일부를 지원 받았습니다.

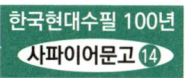

얼기미로 걸러낸 해밀

김유진 수필집

책머리에

　무명 보따리에 싸인 지난 발자국을 여기 풀어놓습니다. 감성의 두레박으로 한 편 한 편 추억을 퍼 올려 시간여행하듯 적었습니다. 등단 이후 7년 만에 첫 수필집을 펴내려고 하니 두려움과 부끄러움이 앞섭니다.

　저는 안동에서 한참 떨어진 시골 마을에서 태어났습니다. 부모님, 형제들과 함께 보낸 지극히 평범했던 시간들이 저에겐 정말 소중하게 자리잡고 있습니다. '태어남은 선택할 수 없지만, 가난하게 죽는 건 내 죄다.'란 말이 떠오릅니다. 저는 고향으로부터 풍성한 추억과 글감을 물려받았고, 그 추억과 글감이 지금의 저를 세상에서 가장 행복한 부자로 살아가도록 만들었습니다. 추억의 에움길을 걸으면서 세상에서 가장 행복한 사람으로 거듭 태어날 수 있었습니다.

　제가 태어난 농촌, 부모님·형제들과 함께 보낸 시간이 저에게 추억을 만들어준 공간이자 시간입니다. 그 공간과 시간을 소환해 유년 시절로 시간여행을 떠나는 순간이 제 가슴을 뜨겁게 했습니다.
　농촌의 사라져 가는 전통과 풍습, 향토음식, 농촌생활, 전통농기구를 소재로 글을 쓸 때면 돌아가신 부모님께서 제 곁에 와 계시는 느낌이 들었고, 정들었던 고향 산천이 제 머릿속에 들어와 있는 느낌이 들었습니다.
    그 순간 저는 햇귀처럼 행복과 감동이 온몸으로 퍼짐을 느꼈습니다.

    가정주부로서 남편 뒷바라지와 아이들을 돌보는 것이 삶의 전부라고 여기며 살다가 늦은 나이에 안병곤 교수님 덕분에 공부를 하고, 우연한 기회에 시창작강좌를 수강하면서 박종현 선생님께서 제 글쓰기 재능을 발견하고 수필가로 인도해 주신 덕분에 수필가로 등단, 활동하게 되었습니다. 늦게 익힌 글쓰기가 이처럼 제 삶을 행복하게 이끌어주고 있음을 새삼 깨달았습니다. 도움을 주신 모든 분에게 감사의 말씀을 드립니다.

    수필가의 길을 걸을 수 있도록 도와주신 시댁·친정 양가 가족과 남편에게 감사하는 마음을 전하고, 아빠의 직장 때문에 지방 소도시 면·리 단위 군인관사에서 생활하면서 훌륭하게 자라준 두 딸에게 진심으로 고마움을 전합니다.

2023년 가을. 김유진

| 차례 |

4 • 책머리에

1 부리망

- 13 • 귀주머니
- 18 • 염습
- 22 • 고리
- 27 • 고수레
- 31 • 똬리
- 36 • 부리망
- 40 • 빙의
- 45 • 음복
- 48 • 차일
- 52 • 흑립
- 56 • 계자난간
- 60 • 당산제
- 65 • 대님
- 70 • 목단꽃
- 73 • 운동화

2 붉은 소화제

- 79 • 가양주
- 83 • 누름돌
- 87 • 붉은 소화제
- 91 • 암반
- 95 • 자리끼
- 99 • 정구지
- 104 • 짱돌
- 109 • 토렴
- 114 • 도토리묵 한 접시
- 118 • 박탁
- 121 • 방짜
- 125 • 송기
- 129 • 조청 한 사발
- 133 • 허방
- 137 • 자반고등어

3 은비녀

- 143 • 고드렛돌
- 147 • 돌곗
- 151 • 석작
- 155 • 코뚜레
- 160 • 고래
- 163 • 덕석
- 168 • 돌쩌귀
- 172 • 물두멍
- 177 • 바지랑대
- 181 • 씨아
- 185 • 얼기미
- 188 • 은비녀
- 192 • 디딜방아
- 198 • 연가
- 202 • 모탕

4 참새잡이

209 • 두렁
213 • 둠벙
217 • 맥질
222 • 사름
226 • 시무나무
230 • 추잠
235 • 푸서리
239 • 피댓줄
244 • 힐조
248 • 깜부기
252 • 신갈나무
256 • 참새잡이
260 • 해밀
263 • 지우개
268 • 어머니의 길

| 발문 |

272 • 온고지신이 빚어낸 오래된 미래 • 박종현(시인)

1
부리망

귀주머니
염습
고리
고수레
똬리
부리망
빙의
음복
차일
흑립
계자난간
당산제
대님
목단꽃
운동화

귀주머니

　어릴 적 설날을 맞이하던 추억 속에는 잊히지 않는 그리운 물건이 있다. 음력 정월 초하루 아침에만 열리는 할머니 쌈지이다. 설날은 설빔을 차려입는 즐거움도 있지만 먹거리도 꽤 넉넉했다. 하지만, 기억 속에는 무엇보다도 할머니 무명치마 속 고쟁이에 매달린 귀주머니가 열리던 기억이 가장 선명하게 자리 잡고 있다.

　귀주머니에 아껴둔 돈을 꺼내어 세뱃돈으로 주셨기 때문이다. 집안에서 나는 중간이었다. 그래서 받게 되는 돈은 위로 언니, 오빠가 있고 아래로 동생이 있어서 이래저래 밀리다 보면, 설 명절날만 세뱃돈으로 아주 공평하게 받을 수 있는 귀한 용돈이었다.

　까치설날 잠을 자면 눈썹이 하얗게 변한다는 속설이 있어서 밤늦게까지 졸린 눈 치켜뜨고 견디다 잠이 들곤 했다. 그러다가 아침에 일어나 형제들은 서로 얼굴을 쳐다보면서 눈썹부터 살펴보곤 하였다. 먼저 일어난 오빠가 '너 눈썹 하얗다.'며 동생을 놀리기 좋아했다. 그 말이 떨어지자마자 동생들은 앙~ 하고 울음보가 터지곤 했다. 이때를 놓치지 않으시는 할머니 '모두 얼른 세수하고 세배를 해라.'고 하셨다. 그 말씀이 떨어지면 우리 형제는 한꺼번에 우당탕탕 서로 먼저 세수를 하려고 북새통을 치렀다.

그러고 나면 할머니께서 '자! 큰놈부터 차례로 세배를 하렴.' 하신다. 우리 형제들은 기다렸다는 듯 언니, 오빠 순서대로 세배를 했다. 이때는 혹시, 누가 먼저 세배를 새치기할까 봐 줄을 서서 기다리며 눈치를 보았다. 순서대로 한 명 한 명 세배가 끝나면 형제들은 할머니 귀주머니를 살폈다. 혹시 누구에게 더 많은 지폐가 건너갈까 감시하며 바라보았다.

드디어 세뱃돈이 나오는 귀주머니가 열렸을 때 보면 언니 오빠는 지폐이고 나와 동생은 동전이었다. 어린 마음에 돈의 액수보다는 동전 여러 개를 받는 마음이 훨씬 좋았다. 그저 동전의 숫자가 많다는 것에 행복했다. 나에게도 그런 순진하고 귀한 마음을 가진 적이 있었다.

그러면 언니 오빠들은 킥킥 웃었지만 동생들은 신난다고 마당까지 나와서 뛸 듯이 기뻐했다. 우리 할머니의 복주머니는 가난한 산골 살림 탓에 설날에만 열렸다. 그밖에도 운수 좋은 날이 있었는데 그날이 바로 오일장 장날이다. 쌀이나 잡곡들을 장에다 내다 팔아서 현금을 손에 넣으면 손자, 손녀에게 동전 한 개씩 나누어 주는 행복의 귀주머니가 열리곤 했다.

할머니의 손때 묻은 귀주머니는 속 천이 청색 비단 천이고, 겉 천은 붉은 비단 천으로 복福 자가 수놓아져 있었다. 위쪽으로 각이 지고 아래쪽은 반달처럼 재단을 하여, 정중앙을 겹치게 만들어서 연결 고리엔 기다란 줄이 달렸다.

귀주머니도 나름대로 사용 순서가 있고 때에 따라 대접도 달랐다. 할머니의 비단 치마는 설날과 추석 그 외에 경삿날만 입으시고, 평상시에는 무명치마를 즐겨 입었다. 물자가 부족한 탓이었다. 귀주머니는 얼마나 오래 사용했으면 모서리가 닳아 있었다. 그런 귀주머니는 치마를 갈아입으셔도 자주 바뀌지 않았다. 그곳에서는 가끔 알사탕도 나올 때가 있었다. 우리 형제들은 할머니 주머니가 요술 주머니인 줄 알았다. 돈도 들어있고 사탕도 들어있고 아주 사소한 옷핀 종류와 휴대용 바늘집도 들어있었다.

할머니는 우리 집의 해결사였다. 어느 해 저녁 식사 도중 어머니가 갑자기 급체를 하니, 귀주머니 속에서 바로 바늘을 꺼내어 머리에 몇 번 쓱쓱 문지르고, 콧김을 크게 몇 번 쐬고서 손가락을 무명실로 동여매고 쿡 찔러서 피를 뽑아냈다. '어미야 이제 쓱 내려갈 거다.' 하시면서 등을 쓰다듬어 주셨다. 얼굴이 불편해 보이던 어머니는 끅~끅 숨을 몰아쉬고는 편안해하시는 것이었다. 당시 어린 내가 보기에 그 광경이 아주 신기했다. 할머니의 귀주머니는 농사철에는 주로 무명천으로 만든 것을 사용하였다.

할머니는 무명천도 반드시 붉게 염색해서 사용하였다. 농촌 산이

나 들, 그늘진 곳에 많이 자라는 덩굴식물 꼭두서니를 삶아서 소금과 타고 남은 재를 이용해서 염색을 했다. 꼭두서니 풀은 시골 농촌 응달진 곳에서도 잘 자라는 붉은 염색의 재료이다. 그렇게 붉은색으로 만들어 사용하면 귀신을 내쫓는 벽사의 기능을 가지고 있다는 믿음에서 붉은색 귀주머니를 즐겨 사용하셨다.

지난해 이른 봄날 서울에 있는 친구로부터 선물을 받았다. 아주 작고 예쁘게 포장된 선물이었다. 개봉해 보았더니 앙증맞은 핸드폰 걸이 두 개가 들어 있었다. 바로 귀주머니였다. 고맙고 신기했다. 그것을 보니, 아주 오래전 우리 할머니 고쟁이에 매달렸던 귀주머니가 떠올랐다.

이 작은 선물은 비단천이 아닌 색 고운 갑사 천으로 만들어져 있었다. 끈의 마지막은 매듭이 지어져 있었다. 보는 순간 나는 오래전에 할머니 귀주머니 끈이 떠올랐다. 할머니는 복주머니 끈을 명주실로 꼬아서 사용하셨다. 하지만 오늘날은 매듭과 쌈지를 상품화하여 공방마다 크기도 여러 가지로 만들어 진열대를 예쁘게 장식해 놓고 있다.

나름대로 특징이 있으며 우리의 옛것을 알 수 있는 기회를 주기도 하다. 요즘 젊은이들은 거지반 귀주머니를 잘 모른다. 현재 사용하는 가방이 다양한 크기와 여러 종류로 만들어져 있어 귀주머니의 존재를 몰라도 쉽게 구할 수 있고 편리하게 사용할 수 있기 때문이다. 이제는 옛것이 멋을 내는 액세서리로밖에는 활용되지 않는다. 친구가 보낸 준 귀주머니 선물도 핸드폰 장식품이 되어 사랑받고 있다.

작은 귀주머니 액세서리에 팥알만 한 매듭으로 정성을 다했다. 그 주머니 안에 무엇이 들어 있다. 딱 팥알만 한 씨앗 같았다. 나는 그것을 아직 개봉을 하지 않은 채 사용하고 있다. 이 궁금증을 해결하려면 주머니를 잘라야만 하기 때문이다. 아마도 핸드폰 수명과 같이 갈 것 같다. 이렇게 귀주머니는 추억을 담아 오늘날 장식품으로 부활했다.

나는 하루에도 수십 번씩 귀주머니를 매만진다. 우리 할머니를 만난 듯이, 요즘같이 물자가 풍족한 시기에 살아 계셨으면 빨강, 주황, 노랑, 초록, 파랑, 남색, 보라 색깔별로 만들어 월, 화, 수, 목, 금, 토, 일 요일별로 사용하시게 만들어 드렸을 텐데 가난하고 어려운 시기에 살다 가신 할머니를 생각하면 콧등이 짠해진다.

염습 殮襲

 사람들은 모두 웰빙에 대한 관심이 많다. 많은 사람이 잘 먹고 잘 사는 일에만 신경을 쓰다 보니 아름다운 죽음에 대한 일은 남의 일처럼 생각하면서 살아가고 있다. 웰다잉이 웰빙 못지않게 화두가 되고 있는 요즘, 문득 아버지의 마지막 모습이 떠오른다.

 1919년 기미생 할머니의 아들로 태어나서 이 나라 풍파와 집안의 기둥으로, 어머니의 남편이 되고 우리 형제의 아버지로 살다가, 떠나는 길은 명분도 없이 뒤도 돌아보지 않고, 떠나시는 그 모습을 보니 이승에서 힘든 삶을 살아오신 게 분명했다.

 아버지께서 89세로 세상을 떠나시던 날이었다. 아버지는 눈을 감으시고 하루를 조용히 기다리셨다. 이승과 저승의 건널목에서 떠나는 자와 보내는 자의 마지막 인사를 하고 있었다.

 늙고 근엄한 염장이 대신 말쑥한 양복 입은 젊은 사람이다. 소렴과 대렴이 함께 진행되는 시간, 엄숙하고 숙연하게 진행되어가는 조용함이 소름 돋도록 남은 자식들을 힘들게 했다. 염장이 손끝에서 이승의 인연을 하나씩 하나씩 끊어내고 있었다. 깨끗하게 목욕시키고 어머니가 손수 누에 치고 실을 뽑아 정성을 다하여 만드신 명주 바지저고리를 입힌다. 또한 자식들 모르게 아버지 회갑을 넘기면서 어머니 손수 만든 안동포 열한 새로 곱게 지은 도포를 입히고, 화장 마무리가 끝날 때까지 남은 자식들은 아무것도 할 수가 없었다.

아버지는 주무시는 듯하였다. 어머니와 우리 형제자매들은 숨조차 제대로 쉬지 못하였다. 이것이 마지막 이별의 갈림길인가 하는 생각이 들었다. 다시는 돌아오지 못하는 길을 편안한 자세로 누워 계셨다. 염장이 손길 따라 조금씩 아버지는 이승의 인연을 끊고 저승으로 떠나고 있었다. 이제 아버지의 모습은 지금이 마지막이다. 온천수보다 뜨거운 눈물이 쏟아졌다. 이제부터 내가 살아 있는 동안은 아버지라 부를 사람은 없다. 살아 계실 동안 사랑하다는 말 한마디 못 해 드려서 죄송하고 미안했다. 마음은 있지만 표현을 못한 것이 지금 가장 후회스럽다.

아버지는 산골 가난한 양반집 장남으로 태어나서, 부모님 모시고, 아버지 형제 우리 형제를 거느리고 물질적으로 어렵게 사셨다. 철마다 밀려오는 허기짐을 집안의 기둥으로 한 번도 쓰러지지 않으려고 온갖 어려움을 헤쳐 나온 분이다. 새벽 동트기 전 나무 한 짐은 예사로이 하셨고 농사철이면 품앗이도 마다하지 않았던 분이셨다. '가난은 나라님도 해결 못 한다.'라고 늘 말씀하셨다. 부지런하고 검소했다. '양반은 대추 세 알만 있어도 허기를 면할 수 있다.'고 하시면서 양심에 부끄러운 일은 하지 않았다. 종갓집 대소사는 손발 벗고 뛰어다니시고, 동네 어르신들의 일을 손수 봐 드리는 이장보다 바쁜 시간을 보내신 분이다. 우리 형제를 키우시면서 욕 한마디 회초리 한 번 들지 않으셨다. 물질은 조금 부족할 수 있어도 마음을 키우는 데 상처 한 번 주지 않은 아버지셨다.

이제 모든 것을 내려놓으시고 빈손으로 홀연히 떠나셨다. 남은 우리는 칠월의 횃대 비처럼 가슴으로 울었다. 그 통곡은 아버지 살아생전 효를 다하지 못한 잘못에 대해 용서를 구하며 울부짖었다. 그중에서 어머니의 곡소리가 가장 마음을 움직였다. '나를 만나 잘해 주지도 못해서 미안합니다. 저세상에서 아프지 말고, 배곯지 말고, 보고 싶은 아버님 어머님 만나서 행복하세요.' 몇 번이고 당부하듯 부탁하셨다.

아버지께서는 8년이란 긴 세월을 중풍이란 병마와 싸우다 세상을 떠나셨다. 어머니의 지극한 간호로 주위를 깨끗하고, 배곯지 않고 살고 떠나셨다. 어느 아들이, 어느 딸이, 어느 며느리가 그렇게 긴 시간을 변함없이 간호를 할 수 있을까! 우리 형제들은 어머니께 감사했다. 힘든 시간을 잊은 듯 어머니는 소렴에서 대렴까지 진행 중에도 아버지의 얼굴을 몇 번이나 쓰다듬으셨다. '이 세상에 와서 고생만 하다 떠나게 되어서 미안합니다. 장남 역할을 다하느라 고생 많이 했습니다.' 하시면서….

그렇게 소렴小殮에서 대렴大殮까지 한 번에 끝내니, 아들 상주는 굴건제복屈巾祭服에 딸과 며느리에게는 수질首絰을 머리에 얹고, 소리 내어 우는 통곡이 천륜을 줄 세우며 장맛비가 되어 흘렀다. 촌수가 이별 앞에도 줄 세우는 이렇게 질긴 끈인가? 나는 다시 태어나도 울 아버지 자식으로 태어나고 싶다. 뜨거운 삼복이 오기 전 해마다 칠월의 장맛비가 내리는 날이면, 나는 언제나 아버지가 보고 싶다.

고리

앉은뱅이 낡은 기와집에 여자 삼대가 살아가고 있었다. 집주인은 할아버지, 아버지도 계시며 우리 형제도 자라고 있었다. 할아버지의 솜씨 대를 이은 우리 아버지, 7월의 물오른 싸리나무를 베어 가마솥에 삶아서 맨손으로 겉껍질을 벗겨 내면 집안의 필요한 집기를 만드는 재료가 되었다. 곧은 싸리나무는 굵지도 가늘지도 않아야 했다.

할아버지가 만든 고리*는 할머니의 의류상자로 사용했다. 장롱이 귀하던 시절 한복을 정리 보관하기에 아주 요긴하게 쓰였다. 새하얀 싸리나무로 만들어 고운 한지로 풀을 쑤어 발랐다. 햇살 여문 날 바람과 함께 말린 싸리나무 상자는 얼마나 고운지 우리 할머니 싱글벙글 웃으시면서 '영감 고맙소, 상자 속이 분통같이 곱네요.' 이렇게 인사말도 빼놓지 않으시고, '여기 고운 옷만 보관해야지.'라고 혼잣말도 하시며 좋아하시던 모습이 지금도 선명하게 내 기억 속에 자리 잡고 있다. 내가 어렸을 적 일이니 수십 년이 흘렀지만 그 싸리나무 상자는 고이 보관하고 있다. 내 아이들이 입었던 교복을 기념으로 남겨 두고 싶어 그 상자에 넣어 보관 중이다. 어머니께서 나에게 주셨던 상자다. '너는 옛것을 좋아하니 할머니께서 쓰시던 이 상자를 잘 보관할 수 있을 거야.'라고 하시며 전해주셨다. 싸리나무를 삶아서 한지를 발랐으니, 건들장마에도 벌레가 생기지 않고 언제나 뽀송뽀송한 상태를 유지하는 상자 속이 정말 신기했다. 아마도 진품명품에 나올 만한 가치를 지닌 물품일 듯싶다.

'나는 세 가지 고리를 기억한다.'

어머니께서 애지중지하시던 고리는 반짇고리다. 흰 무명실과 검정 무명실, 바늘 종류도 몇 가지 된다. 그리고 재단할 때 사용하는 가위, 색색이 물든 가느다란 실, 고무줄, 골무, 저고리 동정, 작은 인두까지 모두가 우리 어머니께서 아끼는 애장품이었다. 항상 다듬잇돌 위에 한 자짜리 자, 방망이, 손다리미까지 모두 고섶에 두었다.

어머니가 고리를 열면 우리 집 살림살이가 빛이 났다. 어머니의 고생은 많았지만 나는 그때 거기까지 헤아릴 만한 나이가 못 되었다. 할아버지의 도포와 두루마기 한복에서 아버지의 도포와 두루마기 한복까지 깨끗하고 멋지게 만들어 냈다. 할머니 치마저고리, 어머니 한복을 재단에서 바느질까지 해내는 훌륭한 솜씨는 누구 앞에서도 뽐낼 만했다. 그리고 우리 여러 남매의 양말 꿰매는 것에는 달인이 되어 있었다. 혹, 우리 형제 중에 장갑 올 하나가 풀려도 선 자리 그대로 꿰매 주었다. 여러 형제들의 옷에 단추는 왜 그리도 자주 떨어뜨리는지 오빠들은 남자라서 더욱 심했다. 옷이며 양말이 자주 구멍이 났다. 겨울이면 밖에서 썰매를 타다가 발 시릴 때, 장작불을 피워서 발을 덥히다가 양말을 자주 태웠다. 한 해 겨울이 지나면 양말 몇 켤레씩 구멍이 나 있었다. 봄부터 가을까지 낙엽으로 썰매놀이를 하니 양말이 성할 날이 없었다. 물자가 부족하니 덧대어 꿰매는 일쯤이야 손 빠르고 솜씨 좋은 어머니는 거뜬하게 다 해내셨다. 짜증 한 번 안 내시고 항상 이것밖에 못 해줘서 미안하다는 마음을 전하셨다.

그래도 새로 구입한 양말만은 못해도 따뜻하고 폭신해서 우리 형제들은 매우 만족해하며 자랐다. 반짇고리는 어머니의 고생 덩어리였다. 바느질할 때마다 혹여 바늘에 손이 찔리면 콧김에 몇 번 쐬고 머리에 쓱쓱 문지르면 덧나지 않는다던 그 말을 그대로 믿었다. 지금 생각해 보니 비과학적이고 비위생적이었지만, 그렇게 믿을 수밖에 없었다. 어머니 안 계신 고향 집에 다듬이 소리 멈춘 지 오래다. 하얀 문풍지 대신 누렇게 때 묻은 방문이 우리 형제를 맞는 현실에 마음이 아프다. 새봄에 날 잡아 고향 가서 한지로 문 바르고 문풍지까지 새 옷으로 입히고 와야지 마음속으로 다짐을 했다.

우리 언니 고리는 작고 귀여워 정말 예뻤다. 동그란 고리에 옥양목 수놓은 천을 붙였다. 언니의 고리 속에는 십자수의 재료가 가득 담겨 있었다. 이제 여든이 되어버린 고운 언니는 시집가기 전 오색 색실로 횃댓보부터 앞치마, 베갯잇, 이불까지 모두 직접 수를 놓아서 결혼 준비를 했다. 호롱불 아래서 광목이나 옥양목 올의 수를 세며 부귀영화를 상징하는 목련꽃을 활짝 피워내고, 자손이 넉넉하라고 청포도 송이가 주렁주렁 열리고, 그 집에 대를 이을 아들을 낳으라고 붉은 대추가 풍성하게 달렸다. 모두 고리 안에서 피어난 우리 언니의 혼수품이었다. 베갯모에 원앙이 놀고 있으며 앞치마에 꽃다지, 술패랭이꽃, 동자꽃, 동네 숲정이까지 온갖 야생화가 활짝 피었다. 그렇게 많은 옥양목 올을 세던 우리 언니가 십자수 때문에 일찍 눈이 침침해진 것 같다는 소식을 전해 듣고 마음이 아팠다. 당시에 동네 언니 또래는 모두 그렇게 혼수를 준비했었다.

  밤마다 삼삼오오 모여 어두운 호롱불 밑에서 누가 더 예쁘게 수를 놓을까 서로 경쟁하듯 하였다. 언니는 바느질 솜씨가 좋아서 굵은 털실로 나의 옷깃에 조그마한 꽃송이 수를 놓아주면 너무 좋아서 친구들에게 자랑하던 기억이 지금도 생생하게 떠오른다. 20대의 우리 언니 겨드랑이에 쏙 들어갈 만한 크기의 고리는 얼마나 많이 손때가 묻었던지 반질반질하게 윤이 났다. 애지중지하던 고리는 언니가 시집갈 때 우리 집 암소의 등에 실려 보내졌다. 그 이후 나는 언니의 작고 반들반들한 고리를 보지 못했다. 철이 들어서 어느 날 언니께 물어 보았다.

  "언니야 옛날에 시집갈 때 가져간 고리는 어디 있나요?"

  "요즘 색깔 고운 플라스틱 통이 많아서 시댁에서 아궁이에 넣어 버렸다."

"아유! 아까운 거 왜 버렸어요."

"얘, 요즘 시장에 예쁜 거 많아, 너는 왜 옛날 물건을 좋아하나 늙은이도 아니면서."

언니는 내 물음에 아주 가볍게 대답해 주었다.

요즘 시대에는 도저히 이해 불가능하겠지만, 시간이 많이 지나 새삼 할머니, 어머니, 언니의 고리가 생각날 때면, 그나마 내가 소중하게 보관하는 할머니의 고리 상자만 바라본다. 아쉬움은 모두 그리움으로 변하는가. 왜 진작 어머니의 고리를 내가 보관하지 못했을까? 가끔 텔레비전에서 진품명품을 보노라면 우리 어머니 고리가 문득 생각난다. 손때가 묻고 고생 지문이 새겨져 있는 그 반짇고리를 챙기지 못한 것이 못내 아쉬웠다. 다시 생각해 보아도 그 소박하고 예쁜 고리는 다시는 만날 수 없을 것 같다. 아쉬움이 소삽하게 전해져 와 내 마음이 아려온다.

* 고리 : 껍질 벗긴 버들가지나 싸리채, 대오리 엮어서 상자같이 만든 저장 용기

* 고섶 : 물건을 넣어 두는 곳이나 그릇 따위에서, 손쉽게 찾을 수 있는 맨 앞쪽

고수레

온 산의 진달래꽃이 들불처럼 타오르던 봄, 나는 지인 산악회 일일회원으로 동참했다. 각자 준비물과 음식을 짊어지고 산을 올랐다. 오랜만에 산을 오르니 무척 힘이 들었다. 운동은 저축이 안 된다는 것을 새삼 느끼는 순간이었다.

젊은 남자 회원들은 질주하듯 가파른 산길을 올라갔다. 시작은 같은 시각과 같은 지점이지만 산 정상에 도착 시각은 사람마다 달랐다. 나는 지인과 함께 내 힘에 맞추어 산행을 했다. 젊었을 때 산을 오르면 날다람쥐란 별명까지 얻은 적도 있었다. 나름대로 세운 계획은 30분 오르고 입에 물을 조금 넘기고 1시간 오르고 5분 쉬는 시간을 지켰다. 그렇게 산을 좋아하여 1,915m나 되는 천왕봉을 6번이나 다녀온 경험이 있다. 봄, 여름, 가을, 겨울 지리산을 가리지 않고 산행을 했던 그 시절을 생각하면서 겁도 없이 지리산 산행을 다시 따라나선 길이었다.

그렇게 두어 시간을 오른 뒤 점심 도시락을 먹었다. 우리 일행은 약 7~8명이 팀을 이루어 함께 걸었다. 점심도 팀을 이루어 먹을 수 있었다. 각자 준비해 온 조그마한 등산용 이동 돗자리를 이어 붙이고, 각자가 가져온 음식을 펼쳐 놓으니 먹을거리가 제법 푸짐했다. 순간 산악회 회장님이 밥 한 숟가락을 푹 뜨더니 '고수레! 오늘 우리 회원님 모두 안전하게 산행하도록 도와 주이소.' 인사인지 기도인지 도움을 청하는 모습에 나는 화들짝 놀랐다. 연이어 회원들의 고수레의 떼창이 울려 퍼지는 아이러니한 모습에 당황스럽기까지 했다. 각자의 도시락에서 밥이나 떡을 조금씩 던지는 의식이었다. 산행의 무사 안녕을 기원하는 간절함을 고수레에 담아 기도를 올린 셈이다.

내 어릴 적 우리 할머니의 비손하는 모습이 퍼뜩 떠올랐다. 우리 할머니께서는 농사철 논과 밭에서, 점심이나 새참을 먹을 시에 언제나 밥 한 숟가락을 떠서 던지며 고수레를 외치셨다. 할머니뿐만 아니라 어머니께서도 배우신 대로 변함없이 고수레를 외치셨다. 나는 할머니께 '할머니 고수레를 하는 건 무슨 의미예요?' 하고 여쭸더니 내 말이 떨어지기 바쁘게 '그래, 본디 산의 주인과 땅속의 주인들까지 같이 나누어 먹자는 의미도 있고, 어리석은 사람들은 귀신이나 신께 의지하려고, 마음과 함께 먹기 전에 신고식을 전하는 의미란다.'라고 하셨다. 집 밖에서 행하던 할머니, 어머니의 이런 행위가 낯설어 보인 적도 있었다. 어릴 적 집안에서 고사를 지내는 일이 다반사였으며, 안방 시렁 위에 모신 삼신 할매께 할머니, 어머니께서 비손하는 모습을 자주 보고 자랐다.

　유월의 한낮 아버지께서 앞산 비알밭에 쟁기질과 괭이질을 하셨다. 그날도 변함없이 어머니가 준비한 새참은, 따끈한 옥 식기에 담긴 밥과 반찬에 된장과 상추쌈이었다. 나는 양은주전자의 막걸리를 들고 어머니 뒤를 따라 아버지 밭갈이하시는 곳에 도착했다. 어머니는 밭머리 오동나무 그늘에 삼베보자기로 앉을 자리를 만들었다. 가벼워 옮겨 다니기 편한 밥상으로 변신하기도 하며, 깔고 앉을 수 있는 평상이 되어 주기도 했다. 그날의 점심은 아버지의 허기짐 때문인지 식사시간을 단축하듯 보였다.

　일이 많아서 식사 끝나는 즉시 밭갈이를 시작하셨다. 내가 밭 가장자리에 이름 모를 야생화에 취해 있을 무렵이었다. '아이고!' 아버지의 외마디 소리에 어머니가 아버지 쪽으로 달려가시고, 나 또한 사고 지점으로 달려갔다. 아버지께서 발을 헛디뎌 미끄러지면서 흙을 파는 괭이에 발이 찍혔다. 아버지 발가락에 흐르는 피를 보시고 당황한 어머니는 된장을 상처에 바르고 머릿수건으로 동여맨 뒤에야 한숨을 돌렸다. 그 당시 산골에서 행한 민간 처방이 오늘날의 기준으로 보면 비과학적인 일들이 많았다.

　"이 모든 게 내 잘못이오. 오늘 밥 먹을 때 깜박하고 고수레를 안 했어요. 이런 낭패가 어디 있노."

　아버지의 사고가 마치 고수레를 하지 않은 어머니의 실수로 일어났다고 여기시고 안절부절못하시는 어머니는 연신 아버지께 미안하다며 사과만 하셨다. 나는 이런 토속신앙이 이해가 안 될 때가 많았다.

할머니, 어머니 두 분께서 비손하는 모습은, 음력 정월 초하루부터 섣달 그믐날까지 볼 수 있었다. 장독대 정화수로 시작해서 안방 시렁 삼신할매, 부엌의 조왕신, 성주신, 잡다한 귀신에게 빌고 빌었다. 그런 정성을 다했는데도 농사철 농기구에 의해 다치다니 이건 앞뒤가 맞지 않는 일이라는 생각이 들었다. 고수레의 신이 많은 신중에 우두머리란 생각이 들었다. 어머니가 실수로 고수레 안 했다고 아버지의 사고가 일어났다니, 나는 이해가 되지 않았었다. 나는 단숨에 달려서 할머니께 알려드렸다. 짝짝이 신발을 신은 채 달려오신 할머니께서는 아버지의 동여맨 상처의 겉모습을 보시고 안도하시는 모습이었다.

어머니께서 죄인처럼 오늘 점심 먹기 전 고수레를 못 한 상황을 말씀드렸다. 할머니는 불같이 화를 내시면서 '내가 두 발로 걸어 다니는 것도 누군가의 염려 덕분이란 걸 왜 모르나? 모든 일과 행동에 각별하게 조심하거라.' 하고 어머니한테 지청구를 하셨다.

나는 지금 우리 할머니 나이만큼 살았다. 아직 이해가 안 되는 게 많다. 할머니와 어머니는 무엇을 위해서 수많은 귀신에 의지하며 살았는지 알 수가 없다. 한 숟가락의 고수레의 힘이 얼마나 컸을까? 지금도 궁금증이 풀리지 않는다.

따리

어릴 적 고향 마을 한 골목 끝에 커다란 우물이 있었다. 우물가는 동네 아낙의 소통 공간이며 이웃 길흉사의 정보를 전하는 장소였다. 물 한 동이를 머리에 이고, 양손에 물건을 든 채로 잡는 중심은 피겨 선수의 중심축과 같아 보였다. 동네 아낙들은 바쁜 농사철에도 어김없이, 양동이에 물을 길어와 식구들 저녁을 준비하는 것이 매일 치르는 행사였다.

봄에는 일손이 모자라서 초저녁에 물을 긷는 아낙들이 많았다. 씨 뿌리는 시간을 놓치면 수확하는 양이 확 줄기 때문이었다. 당시 농촌은 농기계도 없이 오직 사람의 노동으로 농사를 지었다. 어른들 말씀은 농사철에는 '고양이 손도 빌린다.'라고 했다. 아직, 어린아이들도 어른들을 돕는 데는 이력이 나 있었다. 내 또래의 아이들도 어김없이 가족을 도왔다. 어리다는 것은 핑계에 불과했다. 쌈, 푸성귀 세척 정도는 다 할 수 있었다.

나 역시 어머니가 뽑아다 준 상추와 오이 정도는, 우물에 가서 두레박으로 물을 퍼 깨끗하게 씻어 집안일을 도울 수 있었다. 우물에서 만나는 이웃 아주머니들은 그런 나에게 칭찬을 많이 해주셨다.

'숙제는 다 했냐? 엄마 일을 잘 돕네. 착하다.'라는 칭찬에는 인색했지만 어머니께서는 물 길러 오는 데는 선수가 되어있었다. 물을 가득 담은 양동이를 머리에 이는 순간, 쪽찐머리에 똬리가 혹시나 떨어질까 봐 똬리에 헝겊으로 새끼 꼰 끈을 연결하여 입에 물고 걸었다. 오랜 경험에서 나온 지혜이다. 물 양동이를 머리에 이고 한 손은 두레박을 들고, 또 다른 손에는 세척한 채소류 담은 바구니까지 들고 걸었다. 걸음을 걸어도 불안하거나 위험하지 않은 것은, 머리 위에 똬리가 중심을 잡아주기 때문이었다.

어머니는 오일장에 농산물을 팔아서 생활필수품을 구입하거나 현금을 준비하였다. 똬리를 머리에 얹고 농산물을 이고 4km 오일장을 다녀오는 일이 다반사였다. 우리 형제들은 저녁 무렵부터 어머니를 돕기 시작했다. 남동생은 아버지 물지게를 지고, 나는 똬리를 머리에 얹고 그 위에 양동이를 이고 두 손은 양동이 손잡이를 꼭 잡고 조신하게 걸었다. 한번은 어머니를 흉내 내려고 처음에는 한 손을 내리고 걷다가 다른 한 손도 내려 보았다. 이크, 순간 사고가 났다. 두 걸음도 못 가서 양동이가 길바닥에 퍽하고 떨어지면서 양동이가 깨졌다. 나는 어머니께 혼날 생각에 무서움이 앞섰다.

앞서가던 동생이 돌아보며 '누야, 다친 곳은 없어.'라고 묻는 말에

'응, 나는 괜찮은데 양동이가 깨져서 큰일 났다.'며 겁먹은 얼굴로 깨진 양동이를 가지고 집으로 돌아왔다. 어머니를 돕겠다고 시작한 일이 호기심 때문에 사달을 내고 말았다.

오일장에서 돌아오신 어머니는 '다치지 않고 그만하면 다행이다.'며 딱 한마디만 던지시고는 그 이후로도 벌은 주지 않으셨다. 똬리의 중심축을 시험 삼아 흉내 내던 일은, 훈련 없이 시작하면 얼마나 무모한 짓인가를 깨달았다.

똬리는 아버지의 짚공예 작업 중 자투리 시간을 이용해 여유 있게 만들어 놓으셨다. 여러 개의 완성품이 정지 벽에 많이 걸려 있었다. 아버지의 똬리를 미리 만들어서 준비하는 세심함 덕분에 어머니는 안전하게 짐과 양동이를 머리에 이고 나를 수가 있었다.

물을 퍼오는 양동이뿐만 아니었다. 그 시대에 짐의 운반 도구로 남자들은 지게를 많이 사용했으며, 여자들은 오일장 장보기마저 머리에 이고 날라야 했다. 그야말로 남부여대男負女戴였다.

어머니의 똬리 사용처는 조금씩 달랐다. 우물을 길러 올 때 사용하는 것은 짚으로 만든 똬리 위에 부드러운 천으로 옷을 입히듯이 돌돌 감아 놓았다. 양동이의 무게를 폭신함으로 흡수하고 분산시키려는 계산이었다. 논이나 밭에서 곡식을 이고 올 때는 똬리의 원형 그대로 사용했다. 짚의 성질이 까칠해서 미끄러지거나 떨어지는 돌발 상황을 막기 위한 지혜였다.

어느 날, 동네에는 집집마다 펌프가 들어오자 아낙들의 환호가 터졌다. 동네 길흉사는 이장 댁 확성기로 전해지고, 농번기 저문 저녁 무렵, 우물 물을 길러 와 밥을 짓는 불편함이 사라졌다. 한 사발 마중물을 부어 부지런히 펌프질을 하면 맑은 물이 펑펑 쏟아지는 신세계가 펼쳐진 것이다. 여름이면 아이들도 커다란 통을 가져다 물장난을 할 만큼 여유가 있었다. 어머니 머리로 이고 나르던 우물 물은 까마득한 옛일이 되고 말았다. 그동안 어머니의 머리에 한 몸처럼 붙어 다니던 똬리며 양동이와는 이별을 했다.

그러던 몇 년 후 들불처럼 일어나던 농촌 계량화 덕분에 집집마다 수도가 들어오니 천지가 개벽하는 줄 알았다. 가장 신이 난 사람들은 동네 아낙네들이었다. 펌프질에서 수도꼭지만 틀면 콸콸 쏟아지는 물줄기를 보며 마냥 즐거워했다.

어머니 정수리도 쉬는 날이 오고 있었다. 볏짚과 헝겊을 꼬아 만든 부드러운 똬리도 점점 멀어지고 있었다. 어머니의 똬리는 손때가 묻어 반들거리며 납작해졌다. 똬리 모습을 보면 어머니 쪽찐머리로 얼마나 많은 우물물과 농산물을 이고 다녔는지 짐작해 낼 수 있었다.

어머니와 함께 고생을 하던 똬리는, 어머니 세상 떠난 지금도 고향 집 창고 벽 대못에 걸려있다. 헝겊에 돌돌 감긴 채로 어머니 체취를 풍기며 어머니 삶의 중심축이 되었던 그날을 잊지 않으려고 야물딱지게 벽에 붙어있었다. 지금도 고향 집에 가서 똬리를 만나면 어린 시절 고생하시던 어머니의 삶이 뻥 뚫린 똬리 속 너머로 떠오르곤 한다.

  * 똬리: 머리에 짐을 이고 나를 때 머리와 짐 사이에 얹는, 짚이나 헝겊으로 둥글게 틀어서 만든 고리 모양의 물건.

부리망

'5월 새싹의 유혹을 외면한다는 건 소들에겐 고문이다.'

고향 마을 다랑이논에 암소와 아버지의 논갈이가 시작되었다. 초록 풀냄새의 유혹은 써레질하는 암소에겐 고문 중의 고문이다. 이~라 이~라 아버지의 오른손에 잡은 고삐가 움직이면 우람한 암소가 순하게 앞으로 나갔다. 모내기를 위해 다랑이 무논을 썰고 있었다.

농번기에 장정 몇 몫을 해내는 우리 집 암소였다. 오늘날은 트랙터란 농기구가 논과 밭을 갈아엎는다. 많은 사람과 소가 하던 일을 순식간에 해치운다. 기계의 부리망은 무엇일까? 가만히 바라보면 현대적 농기계를 움직이는 기름인 것 같았다.

고향 논, 밭을 갈아엎던 우리 집 암소의 자손들은 인간의 입맛에 맞춘 육고기 생산하는 일에 열중하느라 축사에서 편히 쉬고 있다. 오직 인간들의 식료품의 재료가 되기 위해 풀이나 여물 대신 배합사료라는 영양 덩어리를 먹으면서 놀고 있다. 여물 먹고 되새김질하던 입은 사료를 먹으면서 어떻게 지내는지 궁금하다.

　유순하고 듬직하던 우리 집 씨암소는 일 년에 송아지 한 마리씩 낳아서 살림살이에 보탬이 되어주었다. 봄날 암소의 고통은 일하는 수고보다 길섶의 풀잎이나 보리밭, 밀밭의 곡식들을 보고도 먹지 못하는 것이었다.

　새봄 일철의 새싹들이 매우 연하고 부드러워, 풋풋한 풀냄새에 유혹당하기 일쑤였다. 아버지께서 겨울 농한기에 소의 입을 막을 부리망을 여러 개 만들어 준비해 놓으셨다. 봄부터 가을 추수까지 암소의 입에는 항상 짚으로 가녀린 새끼를 꼬아 뜨개질처럼 만든 부리망이 농산물 보호에 최고의 효과를 거두었다.

　아버지께서 짚으로 만드는 것은 무엇이든 잘 만드셨다. 멍석이며 꼴망태, 그리고 삼태기, 나락 가마니, 짚신, 짚방석, 똬리, 덕석까지 만드시는 것을 좋아하시기도 하셨다. 요즘은 짚공예 작가라 부르는 장인들이 가끔 있지만, 우리 아버지 손재주를 따라갈 사람은 없어 보였다. 솜씨는 매우 훌륭하셔서, 살아 계셨더라면 무형문화재 짚공예 장인이 되고도 남았을 것이라 생각한다.

　덩치는 산만 한 암소지만 보잘것없는, 새끼줄 몇 가닥으로 엮은 부리망에 꼼짝도 못 하는 온순함이, 그야말로 순한 동물이며 인간과 밀접한 가축이라는 생각이 들었다.

　나는 이제야 우리 집 암소가 군입을 다시며 참기 힘든 봄풀들의 유혹을 참아내면서 다랑이 무논을 썰었는지 새삼 알게 되었다. 짚으로 만든 부리망에 꽁꽁 묶였어도 암소는 일하는 도중 아침에 먹은 여물을 되새김질을 하고 있었다. 소화 기능을 맡은 침이 부리망을 흠뻑 적시도록 흘러내렸다. 부리망 구멍으로 가끔 혀끝을 날름거리기도 했다. 우람한 덩치지만 새끼줄 몇 가닥에 꼼짝을 못 하는 암소는 먹고 싶은 유혹을 뿌리치느라 무척 고생을 한 것 같다는 생각이 새삼 떠오른다.

나는 코로나 팬데믹 때에 쓰고 있는 마스크도 인간 부리망으로 여겨질 때가 있다. 정해진 곳이나 허가된 곳에서만 벗을 수 있고, 먹고 싶은 충동을 느끼게 한다. 나도 이 팬데믹을 겪으면서 예전 고향 집 암소 생각이 떠오르는 이유가 무엇일까 생각을 하게 되었다.

몇 가닥 새끼줄로 엮어 만든 부리망에 갇혀 식욕을 참느라 애썼던 모습이 처연하다는 생각이 들었다. 우리 집 암소에게 미안한 마음이 갖게 된 것이 오늘날 코로나 때문에 입을 막고 답답함을 견뎌야 하는 인간 부리망인 마스크와 닮아있다는 생각을 문득 하게 되었다.

역지사지의 심정으로 부리망과 마스크가 동질감을 갖게 된 것이 아닐까 하는 생각이 든다. 수십 년 전에 헤어진 외양간 암소의 늘름한 모습이 떠오른다. 아버지의 명령에 반항 한 번 없이 순한 일꾼이 되어 무논을 갈아엎어 주던 고마운 암소였다. 그 후손들은 오늘날 코뚜레와 고삐도 없이 생활하는 소들로 변해 있다. 축사라는 공장 같은 시멘트 건물 안에서 사료에 목숨을 의지하며 초록 유혹도 부리망의 답답함도 없이 육질의 향상과 몸무게를 늘리는 데 최선을 다할 뿐이다. 아버지의 '이라~이라' 명령에 무거운 고개를 흔들며 충실하던 우리 집 큰 머슴, 그 깊고 큰 눈이 그립다.

    다랑이 무논을 썰던 고향 집 씨암소와 아버지는 떠나고, 아래채 창고에 쟁기와 부리망이 세월의 흔적인 먼지만 뒤집어쓴 채 졸고 있다.

빙의憑依

　안개도 아닌 뿌연 것이 무리 지어 앉아있는 초겨울 산골짜기는 음산했다. 이틀 전 무조건 집에 오라는 어머니 전화를 받고 직장에서 휴가를 얻어 고향 집에 내려왔다. 아무런 영문도 모른 채 어머니를 따라나선 길, 당시 20대였던 나는 집에서 3킬로 정도 떨어진 암자에 도착했다. 이곳엔 왜 왔는지 어리둥절했지만 집 둘레를 보는 순간 여기가 무얼 하는 곳인지 금방 알아차릴 수 있었다. 불교에 심취하신 어머니는 걱정거리가 생기면 무속인을 찾았다. 처음부터 말해버리면 내가 따라오지 않을까 봐, 도착하는 순간까지 입을 열지 않았던 어머니다. 무녀와의 약속은 한 달 전에 이루어졌다는 것도 나는 도착 후에야 알았다. 무녀와 시중 돕던 분이 우리 모녀를 반갑고 따뜻하게 맞아 주었다.
　초겨울 해설피마저 힘없이 사라져 어둠이 융단처럼 깔리고 날씨 또한 으스스할 정도로 추웠다. 암자에는 50대 중반쯤 보이는 무녀한 명과 일을 돌보는 아주머니가 있었다. 말을 하지 않아도 모든 순서가 질서 정연하게 이루어지고 있었다. 커다란 교자상이 가부좌로 앉으면, 풍성한 오색 과일과 흰 백설기 떡이 자리를 잡고 막 무쳐 나온 삼색 나물이 올려지고, 밥 대신 흰쌀이 옥식기 가득 담긴 것이 처음 보는데도 퍽 인상적이었다. 교자상 양쪽으로 잎이 달린 어린 조릿대 한 줌씩 속이 텅 빈 사기 꽃병에 꽂아 놓았다. 이쯤 되면 어머니는 무얼 해야 할 것인가 짐작으로 읽어냈다.

중년의 무녀는 척사斥邪*를 위해 오른손에 큼지막한 방울 세 개 달린 막대기를 잡고 크게 몇 번을 흔들어 세상 잡신을 모두 몰아내고 있었다. 그리고 징을 세 번을 치더니 주문을 읊조리다 조릿대 잡은 손으로 천장을 향해 흔들어대면서 서서히 굿을 하기 시작했다. 처음 본 내 눈에는 무녀가 범골凡骨*로 보였다. 어머니가 흰 무명 치마 저고리로 갈아입고, 속 고쟁이 주머니에서 꺼내는 소원풀이인 듯한 흰 종이를 폈다. 연필로 꾹꾹 눌려 쓴 어머니의 기도문이었다. 자식들 이름 하나하나 불러 내세우고 무녀와 짝을 맞추어, 무녀가 시키는 대로 절을 하다가 울기도 하고 좋은 괘가 나오면 웃기도 했다.

소小 북소리, 징소리, 방울소리에 골짜기 깊이 잠들었던 어둠이 찾아와 문 앞에 서서 구경하고 있었다. 무녀는 드디어 우리 집 조상님을 불러내고 있었다. 증조부부터 작은할아버지까지 모든 귀신은 내외 동반하여 불러냈다. 할아버지 할머니의 살았을 적 모습을 재현하기도 하고, 저승의 상황이라면서 보여주기도 했는데 모든 것이 무녀의 말과 행동을 통해 표현하고 있었다. 찾아오느라 다리 아프다 절룩거리며 오는 귀신, 배고프다 배를 움켜쥐고 오는 귀신, 그래그래 어미야 오랜만이다. 할머니 흉내와 할머니 목소리를 내면서 어머니를 껴안고 울기도 하는 귀신 모두 무녀의 행동이었다. 순간 나는 소겁小劫*이 걸어 나와 증조부부터 지금 나까지 연결된 듯한 착각에 빠지기도 했다. 굿판이 벌어지고 있는 동안에 어머니 고쟁이 속주머니에서 쌈짓돈이 살금살금 교자상 위로 올라가고 있었다. 무녀가 어느 순간 죽을 듯이 배를 움켜쥐고 배고프다 하소연을 하거나 극락세계 가는 길이 멀고 멀어서 노잣돈이 모자란다면서 칭얼대기도 했다.

온갖 몸짓으로 어머니 혼을 빼놓으면 어김없이 쌈짓돈이 교자상 위에 쌓여가고 있었다. 내가 보기에 꽤 많은 돈이 굿판에 올라가고 있었다. 그때마다 무녀는 하얀 무명 버선코가 보이도록 뛰면서 춤을 추었다. 가끔 나에게도 할머니라 칭하면서 안아주기도 했다. 참 묘한 일이었다. 그 순간 정말 할머니를 만나는 듯했다. 우리 할머니는 내가 초등학교 5학년 때 돌아가셨다. 나는 모습과 목소리까지 기억한다. 마지막 할머니와 함께 이웃 동네에 약을 구하러 다녀온 일이 있었는데, 아버지가 황초굴에서 작업하시다 떨어져 부상을 당해 약을 구해서 돌아오는 고갯길, 재를 넘어 걸어오던 중에 할머니께서 외시던 애송시 한 수가 아직도 귓전에 맴돌고 있다. 김상헌의 시조 '가노라 삼각산아'다.

평소에도 유달리 시조를 좋아하시던 할머니, 노래가 끝나면 작가를 설명해 주셨다. 김상헌은 안동이 본관이며 강직한 선비였다. 그래서 더욱 좋아하는 시조란다. 그날 내가 들은 할머니의 노래가 마지막이 될 줄은 몰랐다. 3개월쯤 지나 심근경색으로 쓰러지면서 바로 돌아가셨다.

시간이 수십 년이 지난 오늘, 어슴푸레한 기억이 떠올라 화들짝 놀라니, 무녀는 내 앞에 서 있었다. 기억은 가물거리면서도 정녕 할머니라면 반가운 듯했다. 이래서 어머니도 무녀한테 속고 있구나 싶었다. 우리 모녀는 무녀한테 그냥 속아 주었다. 어머니는 무엇을 얻었는지 모르지만, 눈가에 눈물범벅이 된 어머니와 딸은 그날 이후에도 긴 시간 날밤을 새웠다.

검은 시간은 하얗게 흘러 동천이 눈뜰 때쯤, 조상귀신, 이름 모를 귀신, 잡귀들까지 노잣돈 두둑이 챙겨서 휘~이익 검은 바람에 업혀서 떠난 듯했다. 무녀의 화려한 활옷도 쉬고 있고, 밤새우며 흔들어대던 조릿대 푸른 잎이 다 떨어져 앙상한 줄기만 남아 있었다. 무녀는 '보살님 걱정 마소. 조상님들 아주 기뻐하면서 떠났으니 앞으로 집안에 만사형통할 일만 남았소.'라며 어머니를 위로했다. 어머니는 연신 합장한 손으로 인사를 드렸다.

암자를 뒤로하고 돌아오는 길은 초겨울 새벽 냇물 돌다리가 무서리를 홑이불로 뒤집어쓰고 얼어붙어 있었다. 무척 미끄러웠지만 아무 탈 없이 내를 건넜다. 한뎃잠 자던 동네가 부스스 기지개를 켜고 일어나고 있었다. 집안 식솔들 아침밥 걱정에 어머니는 눈도 잠깐 붙이지 못한 채 부엌으로 들어가셨다. 어머니 하얀 무명옷에 내려앉은 하현달 빛살이 포로스름했다. 어린 날 돌아가신 할머니의 뒷모습과 흡사했다.

* 척사斥邪 : 사악한 것을 거부하여 물리침
* 범골 : 특별한 재주나 능력이 없는 평범한 사람
* 소겁 : 사람의 목숨이 8만 살부터 백 년마다 한 살씩 줄어져서 열 살이 되기까지의 동안

음복 飮福

　어릴 적 고향 마을 어귀에 드문드문 누워있는 무덤들이 있었다. 아마도 이웃 마을 어느 집안의 겨레붙이 무덤이지 싶다. 제단 앞이 평평하게 아주 넓고 잔디로 가꾸어져 있어서 늘 동네 아이들의 놀이터가 되었다. 남자아이들이 무덤가를 빙 둘러선 소나무에 다람쥐같이 빠르고 날렵하게 오르내리며 자신의 재주를 뽐내기도 했다.
　해마다 시월 셋째 토요일은 그 무덤의 집안 어른들이 모여서 시제를 지내는 날이다. 우리들은 학교 공부가 끝나자마자 달리기를 했다. 그 시절 토요일은 오전만 공부를 했는데, 빨리 가야 제사 지내는 것을 구경하고, 음복도 받아먹을 수 있다. 한눈팔지 않고 달음박질쳐 도착하면 제사 순서부터 하나도 빠짐없이 지켜볼 수 있었다.
　사람들이 얼마나 모였나, 제물은 어느 정도 많은지 휘둘러보는 것도 잊지 않는다. 제물을 싣고 온 소달구지를 보면 음식의 양을 짐작할 수 있었다. 제단 위에는 군침 도는 과일부터 찐 닭 한 마리, 생선, 마른오징어, 편육과 산적이 오달지게 차려져 있었다. 노란 콩고물

시루떡이 평평한 사각 제기에 푸짐하게 담겼고 경단과 대추단자와 온갖 전까지 쌓여 있었다. 우리는 어서 빨리 제사를 끝내고 떡과 과일을 나누어 주길 바랐다.

오늘은 달콤하고 맛있는 음복을 얼마나 먹을 수 있을까. 별생각을 다 하면서 혼자 가면 한 몫만 얻고 둘이 가면 두 몫을 얻었다며 꾀를 내어 어린 동생을 업고 가는 친구도 있었다. 제사 지내기를 끝내고 젊은 아저씨가 기다리던 애들한테 줄을 서라고 말하면서 동생을 업고 온 아이가 맨 앞에 오도록 마음을 써 주기도 했다. 잔디밭 모서리에 모두 줄을 지어 앉았다.

지금 생각해도 어른들의 지혜가 돋보였다. 떡과 과일과 과자를 나누어 줄 때 먼저 과자를 나누어 주는 젊은 아저씨가 지나간다. 사과 배는 4분의 1쪽씩 그리고 대추, 밤은 한 개씩, 경단은 반쪽, 대추단자와 작은 부침은 조금씩 골고루 나누어 주었다. 행여 나누어 주시는 분이 실수로 두 개를 주면 행운을 잡은 듯하고, 혹시 우리 아버지와 친한 분이 지나가실 때 잘못 준 척하면서 하나씩 더 집어 주셨다.

나의 속내는 그분이 한 가지 더 나누는 순서가 오길 바랐다. 어느 해는 두서너 번씩 나누신다. 그때는 얼마나 행복한지 경단 한쪽 더 놓고 가시면, 기쁨은 이루 표현할 길이 없었다. 다시 실수한 듯 슬쩍 시루떡 반쪽을 놓고 가신다. 양쪽 옆에 앉은 동생들 눈이 휘둥그렇게 귓속말로 언니야, 누야 하는 말에 나는 그냥 조용히 하라고 했다. 우리 할머니 갖다 드리고 싶었다.

음복을 받을 때 우리 형제들은 각자 커다란 손수건을 이용했다. 어머니가 만들어준 광목 손수건은 희고 깨끗해서 떡과 과일을 싸도 아무 문제가 없었다. 마지막에 시루떡은 어른 손바닥만 한 크기로 나누어 주고 한마디 덕담까지 하셨다.

"얘들아 건강하게 잘 지내고 내년에 또 보자."

인사를 나누며 돌아서는 발길이 가벼웠다. 집에 빨리 가서 자랑하고 싶은 마음에 내리막길을 달리다가, 앞집 친구가 돌부리에 걸려 넘어지고 말았다. 수건에 잘 싸맨 음복이 흙길에 나동그라졌다. 친구는 흙 범벅이 된 떡을 보더니 그만 주저앉아 울음을 터뜨렸다. 떡을 주워 흙을 털어보다 우리도 같이 울고 싶었다. 보기가 딱해서 함께 그분들을 찾아가서 사정 이야기를 하기로 했다.

여러 명이 모두 불쌍한 눈빛으로 어른들께 사연을 말씀드렸다. 말씀을 듣고 계시던 웃어른이 '여보게 음복 한 접시 만들어 다시 주게나. 그래야 우리 조상님이 기뻐하실 거야.' 젊은 분이 뚝딱 이것저것 모아서 신문지에 싸 주셨다. 지금도 고향 마을을 들어설 때면 그쪽으로 눈길이 먼저 가면서 어릴 적 추억이 떠오른다. 제사 음식은 많은 사람들과 나누어 먹어야 후손이 잘 산다고 하였다.

우리 형제들은 음복 한 접시씩 받아서 집으로 돌아와 할머니께 먼저 보여 드리고 한쪽이라도 잡수시는 걸 보고 우리들도 먹었다. 가난하고 배고프던 어린 시절 음복 하나에도 정이 있었고 따뜻한 마음이 담겨 있어서 참 아름다웠다.

차일

우리 할머니의 마지막 유언이었다. 음력 팔월 초순 저녁 식사 이후 동네 마실을 다녀오신 할머니가 쓰러졌다. 오일장에 다녀온 어느 집 형제가 막걸리에 취한 채, 형제끼리 싸움이 벌어진 것을 보시고 집으로 돌아오시면서 골목 어귀부터 당부의 말씀이셨다. 어머니는 안방 격자문을 열면서

"얘들아 동기간에 싸우지 말고 살아라."

"예, 어머님 마실 다녀오시는 길입니까?"

"그래, 동네 사람들 중, 형제끼리 싸우는데 무섭더라. 너희들은 싸우지 말고 살아라."

"예, 어머님 편히 주무세요."

어머님의 인사가 끝나기 무섭게 사랑방 문이 열리면서 할머니의 비명이 들렸다. 황망한 소리에 채 닫지 못한 문을 열고 들어오신 어머니와 아버지의 통곡이 시작되었다.

지금 생각해 보니 할머니께서는 뇌출혈로 쓰러지신 것 같다. 당시에는 무슨 병인지도 알 수 없고 급작스럽게 돌아가실 수 있냐고 난리도 아니었다. 당숙들이 달려오고 동네 이웃들이 달려왔다.

이웃집 아지매가 "대체 무슨 일이냐? 방금 전에 헤어졌는데 이럴 수가 있냐?"

그렇게 우리 할머니는 돌아가셨다. 나는 어린 나이에 할머니가 돌아가셨다는 게 믿어지지 않았다. 어머니가 오일장에서 사다 드린 엿가락을 아직 다 잡수시지도 않은 상태였기에 더 혼란스러웠다. 동생들과 잠을 자던 중이라 더욱 놀랄 수밖에 없었다. 어른들의 우는 곡소리에 동생들과 덩달아 울었다. 또한 죽음이란 단어가 무섭기도 했다. 이야기로만 듣던 저승사자가 우리 집 사랑방 문설주에 기대고 있는 듯했다. 얼떨결에 안방으로 옮겨 온 어린 동생들이 토끼 눈을 하고 내가 하는 대로 울다가 그치는 일이 반복되었다.

다음 날 아침에 동네 이장이 우리 할머니의 상을 당했다고 알림 방송을 했다.

당시는 장례식장이 따로 없었으며 모두 집에서 초상을 치르는 일이 다반사였다. 아침부터 8월의 비가 내리기 시작했다. 동네 청년들이 흰 광목 차일을 가져와 우리 집 마당에 펼쳐 걸었다.

중앙에 높은 나무기둥을 세우고 귀퉁이마다 기둥을 세우니 웬만한 비는 피할 수 있었다. 그때만 하여도 이웃 집집마다 사랑채를 빌려주면서 문상객을 맞아주었다. 우리 동네는 집성촌이라 항렬대로 호칭을 부르며, 집집마다 어려움이 있을 때 일부러 말하지 않아도 약속이나 한 듯 똘똘 뭉쳤다.

차일 안에서는 동네 아낙들의 음식 준비로 바빴다. 차일뿐만 아니라 그릇과 소반, 심지어 상여까지 모두 마을 공동용을 함께 쓰는 두레의 풍습이 살아있었다.

비는 그칠 줄 모르고 이틀간 자식들의 곡소리와 눈물을 뒤섞어 함께 흘러내렸다. 어머니의 한숨소리에 마당이 꺼지는 것 같았다.

'제발 발인 날은 햇볕을 보여주세요.' 천지신명께 비손하는 것처럼 보였다. 행주치마가 젖도록 일이 많았다. 문상객은 아버지와 작은아버지 당숙들이 맞았고, 손님 식사대접은 어머니와 아낙들의 몫이었다. 개다리소반에 한 분 한 분을 위하여 정성껏 음식을 대접해드렸다. 동네 청년들이 심부름을 도우면서 차일 상황도 살펴주었다. 혹시 바람이라도 불면 차일이 흔들리면서 빗물이 한쪽으로 몰아 흘러내리면 차일이 기우뚱하기가 일쑤였다. 장정들이 잡아주면서 빗속의 장례절차를 하나씩 해결해주었다. 오늘날에 비닐천막보다 더 요긴했다. 비를 먹으면 좀 무거워서 축 늘어져도 내리는 비를 잘 막아주는 고맙기 그지없는 광목 차일이었다. 이틀 동안 내리던 비가 발인 날 새벽부터 개기 시작했다. 어머니의 간절한 기도 덕분이었는지도 모른다.

비 온 뒤 볕은 또 뜨겁기도 했다. 습기를 머금은 더위가 사람을 힘들게 하는 듯했다. 차일은 다시 한몫을 해냈다. 그늘을 만들면서 한

편으로는 땡볕으로 젖은 광목도 말릴 수 있었다. 그래서 더운 날씨에도 요긴하게 사용하며 비가 내려도 걱정을 덜어주던 전천후 흰 무명 차일이었다.

 3일장이 끝나고 삼우제를 마치는 동안 우리 마당에는 흰 광목 차일이 펼쳐져 있었다. 낯선 사람에게는 상갓집이란 알림 표시가 되어 주었다.

 오늘날, 텐트는 자주 볼 수 있어도 광목으로 만든 차일은 본 적이 없다. 할머니의 장례식과 소상, 대상을 치를 때만 보았다. 우리 부모님은 할머니의 3년 상을 치르셨다. 물색 옷도 안 입으시고 초하루와 보름날에는 삭망 제사를 지내며 평일에도 아침, 저녁 끼니때마다 상식을 올렸다.

 나의 생애 마지막 전통 장례 절차를 오롯이 기억할 수 있는 마지막 광경 속에서 흰 무명 차일과 3년 상을 치르는 부모님의 효심을 보았다. 사라진 것들에 대한 아쉬움 너머 아련한 그리움으로 다가온다.

흑립

해마다 시월상달 농사가 거의 끝날 무렵, 조상님께 햇곡식으로 준비한 제사를 올린다. 흔히 시사時祀*라 칭하는 제사다. 아버지는 우리 집 제사보다 문중의 제사를 더욱 중히 여겼다. 아버지 외출복은 한복을 입고 도포에 탕건을 받쳐 갓을 쓰면 의관衣冠을 갖추었다고 하셨다. 깨끗하게 씻은 흰 고무신을 신고 문중 제사를 참례하러 나들이를 하셨다.

햇살 여문 오후 초등학생 저학년들의 하굣길에 시사를 모시는 풍경을 자주 만났다. 비스듬히 누워 있는 문중 산소가 옹기종기 모여 있었다. 흰 두루마기 입은 어른들 모습 때문에 멀리서도 잘 보였다. 친구들과 누가 먼저라 할 것 없이 올림픽 100m 선수보다 더 빨리 뛰는 듯 달렸다. 제사가 끝나고 음복 시간이 지나버리면 낭패이기 때문에 모두 젖 먹던 힘을 다해 뛰었다. 제사는 한 군데서 다 마치는 게 아니었다. 이곳저곳 옮겨가며 제사를 올리고 마지막 봉분 앞에서 음복을 하였다. 아버지는 항상 눈도 마주치지 않고 남 보듯 했다.

그렇다고 나도 아버지를 부르지도 않고 당연한 듯 다른 일가 아저씨한테만 공손하게 인사를 했다. 우리 동네는 집성촌이라 아이들이 모두 한 집안 형제 같았다. 제단 앞에 연세가 많고 항렬이 높은 순서대로 제례가 진행되었다. 안동포 열한 새로 만든 도포를 입은 어른들도 많았다. 반드시 검은 흑립*을 써야 참석할 수가 있었다. 수염이 없어도 흰 두루마기 입은 중년은 갖춰 쓴 갓끈이 나름대로 어른스러워 보이고, 백발의 노인에게 검정 갓끈이 약간의 멋 부림으로 보였다. 일렬로 서 있는 제사꾼들이 흰 고무신에 노란 도포를 겨드랑이 아래로 한 번 돌려서 맨 도포 끈도 아주 멋있었다. 탕건을 쓰고 흑립을 올리며 기다란 갓끈으로 마무리했다. 요즘 사극 텔레비전에 나오는 사람보다 더욱 점잖아 보이며, 인품이 돋보여 어른들은 가만히 계셔도 위엄이 있어 보였다.

지금 생각해도 참 멋있는 옷차림이었다. 요즘에는 텔레비전 사극에서만 볼 수 있다니, 무척 아쉽다. 불과 50년 전까지만 해도 그 모습이 유지되었던 고향 마을이다. 특히 아버지는 평생 한 번도 양복이나 평상복을 입지 않으셨다. 한복이 평상복이며 일복이며 외출복이었다. 5일장 장날에는 광목 두루마기에 중절모자도 쓰시고, 일철에는 두건을 쓰셨다. 그런데 기제사와 시사, 그리고 종가댁 모임이나 잔치 등 어른을 만나 뵐 때는 꼭 갓을 쓰셨다. 나는 어린 마음에 무슨 멋을 낸다고 외출 장소마다 옷이 달라지냐고, 모자도 갓끈도 바퀴나 흙을 보았다. 어머니 고생하는 것이 너무 안쓰러워서 그랬다. 지금 생각해 보니, 아버지 옷만이 아니다. 할아버지 한복도 만만치 않았다. 삼베로 만든 도포는 할아버지의 외출복이었다. 할머니가 거들어 주시기는 하지만 그것은 모두 어머니의 손길이 닿아서 완성되는 것이었다. 어머니는 재단사이면서 재봉사이기도 했다. 갑자기 외출이 잡히면 밤을 꼬박 새워 바느질을 해서 완성한 옷을 입혀 드리는 솜씨꾼이었다. 아니 당시에 우리 어머니뿐 아니라 부녀자들은 모두 그렇게 살았다. 장마가 오는 여름철에는 도포가 무거웠다. 식물로 만든 천 삼베는 습기를 잘 마시기 때문이다.

'아이고 무거워라. 옷 하나가 한 짐이네.' 어머니의 한숨소리만 들어도 나는 걱정이 되었다. 왜 우리 아버지는 양복을 안 입으실까. 89세로 세상을 버릴 때까지 사랑방 아랫목 구들장을 짊어지고도 한복만 입으셨다. 겨울에는 솜이 든 무명 바지저고리, 조끼, 마고자, 여름에는 삼베 바지저고리에 조끼와 탕건을 머리에 쓰고 지내셨다. 신줏단지 모시듯 애지중지하던 갓집은 아버지의 세월 따라 빛이 바래져 갔다. 여름 장마가 지나가면 햇살 익은 날 아버지는 갓집을 바람이 잘 들고 햇볕이 비스듬히 내리쬐는 곳에다 직접 내다 말리셨다.

뿐만 아니라, 소중하게 다루던 갓집을 아버지께서는 손수 만드셨다. 대나무를 쪼개서 받침대는 평평하게 윗집은 둥글게 휘어서 고정시키고, 고운 한지를 덧대어서 몇 번이고 발라서 갓을 소중하게 보관하셨다. 한지까지 아버지가 직접 만드신 것이다. 그것을 만들 때는 이른 봄 닥나무를 베어 큰 가마솥에 삶았다. 그리고 나서 아래채 헛간에서 한지를 만들었다. 모든 공정이 한 곳에서 이루어졌다. 어린 내 눈에 보면 어떤 때에는 누런 한지가 나오고 또 어느 때는 백옥같이 흰 종이가 나오는 게 신기하기만 했다. 그 종이는 가을마다 우리 집 창호지로 사용했고, 제사 때마다 지방 쓰는 종이로, 그리고 아버지의 애장품 흑립의 집 옷 입히기, 제일 좋은 상품은 종가댁에 보내드리는 것이 아버지께서 누린 행복이었다.

하지만 집집마다 집안의 어머니들은 무척이나 고생하셨다. 삼베로 옷 한 벌 짓기까지 봄부터 무척이나 고생하시는 어머니, 과연 오늘날 여성들은 그 시대 어머니들의 고단함을 한 번이라도 감당해낼 수 있을까? 가끔 사극에서 흑립 쓰고 도포 입은 유생들이 나오면 어릴 때 할아버지, 아버지, 동네 친척들이 문중 산소 앞에 줄 서 있는 모습을 떠올리며 경의와 함께 지금의 내 삶을 추스르는 계기로 삼기도 한다.

늦가을이면 고향 산소에서 음복을 받던 어린 시절의 하굣길, 중년이 된 지금도 추수가 끝난 들녘을 볼 때면 아버지의 멋진 갓을 만나기 위해 내 마음은 고향으로 달린다.

*시사時祀 : 음력 10월에 5대 조상 산소에 가서 지내는 제사
*흑립黑笠 : 검정 갓

계자난간

　오랜만에 지인들과 함께 경남 거창에 있는 수승대를 찾았다. 마침 문화해설자를 만나 여기저기 유서 깊은 곳을 안내받던 중, 관수루 누각과 요수정 누각의 계자난간을 소개받을 때 나는 순간 전기에 감전되는 줄 알았다. 오래전 잠자고 있던 기억이 나를 툭 치고 지나갔다. '닭에 목을 비틀어도 새벽은 온다.'라는 어느 정치인의 말과 함께 다름 아닌 닭의 목을 닮았다는 계자난간 때문이었다.
　고향 집 뒤 골목길을 돌아 나오는 모퉁이에 제청祭廳이 있었다. 오래된 지붕 기왓장은 주근깨 검버섯이 더덕더덕 피어있고, 요즘에 약초로 유명해진 와송까지 돋아있었다. 기둥과 서까래 나이테 골마다 주름이 패어 있고, 죽은 자의 외투 빈 관이 여러 개 보관되어 있는 방 하나가 있었다. 을씨년스런 분위기 때문에 어린아이들은 그곳에 갈 수 없는 곳이라 생각했다. 하지만 동네 어른들이 일 년에 한 번씩 음력 정월 초사흘이면 누마루 바닥에서 어김없이 윷놀이를 했다. 그날은 아이들도 누마루에 올라 놀 수 있는 날이었다.

정월 보름날이면 동네 사람들이 모여 지신밟기도 하지만 먼저, 초삼일 온동네 사람들이 함께하는 윷놀이로 누마루를 힘껏 밟아서 한 해 액을 쫓고, 일 년 동안 동민들의 안녕을 기원하는 축제이기도 했다. 동쪽, 서쪽으로 편을 나누어서 윷판이 벌어졌다. 동쪽이 이기면 봄 농사가 풍년이 들고, 서쪽 편이 이기면 가을농사가 풍년 든다고 믿고 있는 사람들이었다. 자기편이 윷이나 모가 나오면 처녀 총각, 아저씨 새댁까지 노래하고 춤추며 한바탕 누마루가 흔들릴 정도로 응원을 했다. 우~야 우~야 어깨동무하고 춤도 추고 노래했다. 아이들과 노인들은 구경꾼이었다. 우리 동네는 집성촌이라 서로의 호칭은 이름을 부르지 않았다. 아지매, 아제, 할매, 할배 등등 서로 내외하는 사람은 없었다. 제청은 열린 공간으로 지어졌고 아주 오래된 기와에는 와송이 우후죽순처럼 돋아나 있다. 기왓장 가로줄은 이 빠진 늙은이처럼 주름이 겹겹이 쌓여가고 있었다. 누마루 난간의 아름다움이 돋보여 화려하게 보여야 하는데, 너무 오래되어서 관리마저 안 되었다. 그래서 어린아이들은 전해져 오는 전설처럼 이 집을 귀신집이라고 일컫기도 했다.

누마루 난간은 계자난간을 하였는데, 조선시대에 널리 쓰이던 난간의 형태다. 특징은 난간대가 계자다리라는 부재를 사용해 밖으로 돌출되어 있어 마루 안쪽에 여유로운 공간이 생긴다. 이것은 직선의 난간기둥을 세워 만든 평난간의 단점을 보완해 조금 더 공간적인 여유로움을 갖게 하고 난간의 멋스러움을 살린 선조들의 지혜가 담겨있는 것이다. 사실 난간대가 30센티 정도 밖으로 돌출되어 있음으로 마루에 앉았을 때, 한층 여유로움을 느낄 수 있다. 낡은 마루의 멋스러움이 계자난간에서만 읽을 수 있었다. 윷놀이 도중 지는 편 어른들은 신명이 나지 않아 계자난간에 걸터앉기도 했다. 아이들은 체조선수마냥 매달리는 아이, 몸집이 작은 아이는 난간 사이를 들락날락하기도 했다. 무슨 곡예사처럼 재주를 부리면서 한껏 들떠 축제를 즐긴다. 그러다 윷판에 지고 있던 편 누군가 윷이나 모가 연속으로 나왔을 때, 앉아있던 선수들 다시 한바탕 노들강변이나 구성진 대중가요를 부르면, 죽어가던 채소에 물 만난 듯 살아나는 흥이 축제에 활기를 불어넣는다. 이쯤 되면 어느 정도 승패는 보인다. 점잖은 어르신 쯧쯧 혀 차는 소리도 들린다. '올해는 동쪽이 이기겠구나! 안 돼 그래도 서쪽이 이겨야 가을 농사 풍년이 들지.' 이내 돌아서 버린다. 봄보다 가을에 추수하는 농사가 많기 때문이기도 하다. 상금은 동네 공유 회비에서 주는데 얼마쯤 되는지 아이들은 알 수 없고, 상품은 흰 고무신 한 켤레, 담배 한 갑씩이다. 지는 편에게는 그래도 면장갑 한 켤레씩 주는 여유와 인심이 있었고, 구경하는 아이들에게는 일명 눈깔사탕 몇 알씩 주었다. 내 기억으로 그 사탕 이름을 돌사탕이라 했다. 하얗고 딱딱해서 오랫동안 달달하게 입속에서 즐거움을 주었다. 그 사탕 몇 알을 기다리며 아이들은 계자난간 모서리에서 놀이터 삼아 하루를 보냈다.

지금 고향마을 제청은 헐려서 계자난간도 간데없고, 그 자리엔 옻이야 모야 하던 어른들의 노랫소리 또한 찾을 길이 없다. 제청 계자난간에 앉았던 어른들과 젊은이들도 간데없고, 그 자리는 허리 굽은 옆집 할머니 텃밭이 되어 오이넝쿨, 호박넝쿨 어깨동무하고 어린 날 무섭던 기억이 태풍 지난 풀잎처럼 풀썩 주저앉아 있었다. 진한 추억이 그림자로 서성이는 텃밭으로 변해 있다. 계자난간은 없어져도 변함없이 나를 반겨주는 것은 동네 뒷산 아름드리 굴참나무가 바람소리와 어우러져 들려주는 메아리다.

요즘 시골동네 입구에 정자 하나씩 다 있다. 산 중턱에도 가끔 정자가 있고 도시의 공원에도 작은 정자 하나씩 마련되어 있다. 어김없이 난간이 있는 곳이 많다. 모두 계자난간이다. 그냥 무심코 지나치면 모르겠지만, 계자난간에 담긴 뜻과 쓰임새를 떠올리면 더 의미 있게 다가올 것 같다. 나는 계자난간을 좋아한다. 여인의 가녀린 허리선을 닮은 듯 휜 모양에 한번 놀라고, 한복의 동정 깃에 살짝 가려진 여인의 긴 목 같은 모습이 정말 아름답다.

당산제

'어둠보다 무서운 음력 정월 대보름 달빛.'
보름달이 삼킨 어둠과 황량한 달빛 울음소리!
나는 해마다 설날이 지나면 고향 마을이 생각난다. 달빛은 골목 민낯을 비추고 공기는 검게 흐르던, 마당 한가운데 적토赤土가 쌓인 어린 날이 불현듯 떠오른다. 마을 초입에는 수호신이 되어있는 늙은 소나무가 겹겹이 제사의 흔적으로 금줄을 두르고 있었다.

고향에서는 정월 열나흘 밤 자정이면 일 년에 꼭 한 번씩 유사를 정하여 순번에 따라 동제를 지냈다. 그해는 우리 집 차례였다. 막중한 책임감이 온 가족에게 전해졌다. 아버지는 한 달 전부터 부정이 탈까 봐 동네 외外 일가친척의 애경사에는 절대 다니지 못했다. 예로부터 전해 내려오는 관습이었다. 당산제 하루 전날은 온 식구가 친척집으로 피신을 했다. 오롯이 아버지 혼자 제주가 되어 이틀간 몸과 정성을 다해서 제사를 올렸다. 그 과정에 어린 자식 한 명이 아버지 시중을 드려야만 했다.

그해는 마침 내가 선택되었다. 언니 오빠는 이미 타지에 나간 뒤라서 하루 동안 아버지 뒤만 따라다녔다. 흰 무명 바지저고리에 어머니가 손수 만든 솜 두루마기를 입고, 머리에 갓을 쓰고 의관을 갖추었다.

아버지께서 하루 전날 새벽시장을 소리 없이 다녀오시면서 마련한 정갈한 재료로 음식을 장만하셨다. 고사리를 삶아 무치고, 김장배추 속살을 데쳐 하얗게 무치고, 무를 채 썰어 들기름에 볶아서 준비했다. 그렇게 삼색 나물, 하얀 멥쌀가루를 익반죽으로 손수 비벼 시루떡을 찌고, 쇠고기 듬성듬성 썰어서 무 끓인 탕국까지 완벽한 제사 상차림을 했다. 북어포 한 마리와 양은 주전자 가득 탁주를 담아서 혹시 넘칠까 봐 주전자 주둥이는 삼베 천을 돌돌 말아서 막았다.

그러고는 싸리나무 바지게에 음식을 담아서 지고 이동하셨다. 나는 혹시 귀신이 나올까 봐 무서웠다. 보름달이 너무 밝아서 가랑잎 숨소리까지 놀라게 했다. 나는 노랑 주전자 손잡이를 잡고 어린 손목이 아리도록 힘주어 걸었다. 집에서 당산나무까지 아버지 바지게 뒤를 바짝 따라붙었다. 가는 도중 동네 어귀 드문드문 누워있는 무덤, 바짝 마른 잔디에 발을 디딜 때마다 바시락거리는 소리에 공포감을 느꼈다. 특히 길섶에 신갈나무 마른 잎이 바람에 서걱거려 소스라치게 놀라기도 했다.

'드디어 밤 12시 자정!'

아버지는 당산나무 금줄 아래 초석 발을 펴고 정갈하게 준비한 제사상을 차렸다. 촛대 위 양초에 불을 붙이면, 홍동백서, 조율이시, 어두육미, 삼색나물, 백설기, 북어포를 차렸다. 투박한 아버지 두 손에 탁주가 들려지고 온 동민의 안녕과 소망을 비는 비손이 이어졌다. 한지를 오려서 소지를 올리는 비손은 간절했고 온 정성을 다하는 모습이었다. 소지燒紙는 붉게 타올라 푸르게 사그라졌다. 액운을 태우고 소망을 비손하는 아버지 두 손은 어린 내 눈에 대단한 기적을 만드는 행위처럼 보였다.

소지용 한지는 그해 가을부터 아버지가 어린 닥나무를 베어서 가마솥에 푹 삶아 손이 터지도록 직접 만드신 종이 중에 티가 없는 최상품만 골라서 잘 간수한 것이었다. 아버지 손길에서 타오르는 불꽃은 연기도 없고, 소리도 없이 공중으로 사그라졌다. 어린 나의 1억 화소 눈동자로 하나하나 빠짐없이 사진을 찍어 내고 있었다. 오로지 내 머릿속 메모리에 꽉 채워졌다. 절대 지워지지 않는 추억의 USB다. 제사가 끝나고 흔적을 남겼다. 두툼한 백설기 한쪽, 사과, 배, 대추, 밤, 북어포 한 마리. 골고루 남겨 놓고 당산나무를 돌아 나온다. 남기고 오는 음복은 허기진 산짐승들의 차지였다.

돌아오는 길은 아버지를 앞서서 걸었다. 당산 귀신이 따라올까 봐 주전자도 뒤쪽으로 들고 잰걸음을 재촉했다. 그렇게 집에 도착했다. 약 두어 시간이 흐른 것 같았다. 그렇게 당산제는 어린 내 마음을 무섭게 각인시켰다.

   소죽을 끓인 사랑방은 새벽 공기에 얼어버린 몸을 녹여 주었다. 새날이 열리자 어머니도 돌아오시고 동네 어른들이 수고했다고 위로하며 서로 음복을 하면서 조반을 나누었다. 어머니는 손수 빚어 만든 누룩과 잡곡이 들어간 탁주를 반주로 내놓았다.

   앞집 먼 일가 아저씨의 한마디다. '아제요 고생하셨습니다. 내년은 저희가 유사이군요.' 걱정인지 자신감인지 묘한 인사말을 남기고 모두 자리를 떴다.

   내 고향은 추억이 아픈 곳이다. 떠올리면 기억이 향기 없는 꽃처럼 피어오른다. 긴 겨울밤 간식이라곤 뒷방 씨고구마, 장독에서 숙성된 홍시, 그리고 감 말랭이, 뒤란의 무 구덩이에서 꺼내온 생무로 허기를 달래던 내 고향이다.

   지금 생각해 보면 초호화 웰빙으로 자란 곳, 몸 자체가 자연에 푹 염색된 어린 날이다. 그래서 유년이 깨끗하고 건강할 수 있었다. 부모가 물려준 육체에서 오염 없는 산골의 환경 세포들 완전 자연인으로 성장한 것이다. 덕분에 지금까지 현대병 아토피 같은 건 전혀 생기지 않았다.

   내 고향 마을엔 성황당이 있었다. 마을 어귀라 지금도 가끔 고향에 갈 때면 그곳을 지나간다. 아직도 검은 추억이 내 머리카락을 쭈뼛쭈뼛 세운다. 아버지 바지게 뒤따르던 어린 날이 그 자리에 머물고 있었다. 당산제 지내던 밤 달빛 울음소리와 검은 바람의 옷을 입고 무서움이 그 자리에 서 있었다.

오늘날에 와서 생각하면 그것은 음사에 불과했다. 당시, 그 방법이 최상이라 비손하던 고향마을 어르신들, 그렇게 가난하면서도 순박하게 사시던 분들은 일찍 세상을 버리셨다. 누가 무엇이 오늘날 과학적인 의술을 이길 비나리가 있겠는가. 거친 손으로 비손하던 내 아버지도 소지燒紙의 푸른 불꽃 따라 떠나신 지 아득한 시간이 흘렀다.

해마다 정월 당산제사가 있던 날, 대보름달이 떠오르면 아직도 당산나무 아래 달빛 울음소리가 내 귀의 이명으로 들려온다. 그때마다 마음속으로 가만히 불러 본다.

'아버지의 비손이 많이 보고 싶습니다.'

대님

    가을 시사 날 아침나절이었다. 아버지의 부아가 온통 집안을 삼킬 듯했다. 어머니는 무슨 큰 죄를 지은 양 숨소리조차 약하게 쉬었다. 한복 바지의 대님*이 문제를 일으켰다. 아버지의 언성이 높아지면서 어머니를 향해서 큰소리를 쳤다.
    '임자 뭐하는 사람이오? 받때이* 하나 짝 맞추어 놓지 않고서, 이래서야 쯧쯧.' 혀를 차면서 제사에 참석하려면 구색을 맞추어야 하는데 그날따라 대님이 짝이 맞지 않는 것이 아버지 눈에 띄었다.
    아버지는 평생 한복을 입으셨다. 그러니 어머니의 고단함이 얼마나 심했을지 짐작이 간다. 아버지의 외출복에는 두루마기까지, 제삿날에는 도포까지 입으시니 한 번의 외출 후에는 반드시 저고리 하얀 동정을 교체해야만 했다. 농번기에 입는 작업복도 당연지사 한복이니 그 빨랫감이야 늘 산더미처럼 쌓였다. 어머니의 고생보따리였다.

한복의 천에 따라 대님이 달랐다. 봄, 가을에는 무명옷이 많았으며, 여름에는 특산물로 지정된 안동포의 삼베 한복을 주로 이용했다. 겨울에는 두툼한 무명 솜 누비 한복을 입었으며, 양단과 인견, 누비도 많이 이용했다. 누비도 어머니 손수 누비면서 밤잠을 줄여야 하는 고단함을 아버지는 전혀 모르고 있었으며 알려고 하지도 않았다. 어머니는 호롱불 아래 천근 무게로 짓누르는 눈꺼풀을 치켜들면서 바늘과 씨름하며 고달픔을 혼자서 이겨내는 어머니는 우직한 소를 닮아 있었다.

한바탕 소란이 잠잠해진 것은 어머니가 재빠르게 아버지 한복 바지 천과 같은 대님을 찾아 드렸기 때문이었다. 아버지의 한마디

"임자 이런 일은 다시는 만들지 마소."

"알겠니더, 오늘은 그만하소."

부모님의 주고받는 대화는 쌍스럽게나 천박스럽지 않았다. 내가 어렸을 적부터 듣고 보아 온 부모님의 언어문화가 가정교육의 밑거름이 되어주었다. 나는 우리 부모님께서 욕하는 모습을 단 한 번도 들어본 적이 없다.

아버지는 사랑방 문지방 앞에서 대님을 매기 시작한다. 외출 의관을 다 갖추면 마지막으로 대님을 매는 것이 외출 준비의 마지막 단계였다. 한복 바지 밑단을 엄지와 검지손가락을 이용해 톡톡 털었다. 습관처럼 행하는 모양새다.

대님의 너비는 보통 2cm 정도였고 길이는 어림잡아 30cm 정

도 되었다. 오른쪽 대님은 발목 안쪽 복숭아뼈 기준으로 우측으로 한 바퀴 돌려서 다시 복숭아뼈에 맞추었고, 대님은 접은 바지 단 앞에서 시작해 뒤로 돌려서 복숭아뼈에서 멈춘다. 그리고 한 번의 매듭과 두 번째 매듭은 나비모양으로 멋을 냈다. 아버지는 두 손으로 위쪽 바지폭을 아래로 툭툭 털면서 봉긋한 모습으로 매만지면 대님은 마무리가 되었다. 왼쪽 대님도 오른쪽과 같은 형식이지만 순서만 반대편으로 행하여졌다. 아버지의 손놀림은 익숙하며 재바르다.

그리고 바지를 살짝 잡아당겨 한복 바지의 우아한 멋을 한껏 부렸다. 아버지께서는 '임자 다녀오리다.' 어머니를 향해 한마디 남기고 팽하니 집을 나가셨다. 어머니께서 대답 대신 얼굴에서 안심의 미소가 볼우물을 팠다. 그렇게 아버지의 화려한 외출이 끝나야 어머니의 걱정이 없어지곤 했다.

어릴 적 자주 보았던 아버지의 대님 매는 모습을 오늘날엔 쉽게 만날 수가 없다. 어쩌다 한복 입은 남자를 만나면 한복의 밑단이 고무줄이나 처음부터 좁게 접어 박음질해 놓아서 대님이 필요 없는 편리한 시대가 왔음을 알게 되었다. 텔레비전 속의 사극에서 만나는 한복도 우리 아버지 대님처럼 양반답게 묶여져 있는 모습을 보기가 힘들다. 그러니 어머니의 고단함이 얼마나 컸을까. 모든 빨랫감은 직접 손으로 세탁해 풀을 먹여 다림질하는 것이 여간 번거롭지 않았을 것이다. 대님 하나, 동정 하나 뭐 그리 힘드냐고 말하는 사람도 있겠지만 경험하지 않은 사람은 그 수고로움을 짐작하지 못할 것이다. 나는 어린 나이에 어머니의 수고로움이 당연한 줄 알았다.

요즘 여성들은 세탁기를 이용하여 편리한 삶을 영위하며 살아간다. 한복이라면 거추장스럽고 불편해서 명절이나 특별한 날에만 입는다. 한복 세탁이나 저고리 동정 교체는 세탁소에 맡기는 일이 다반사다. 하늘나라에 계신 어머니가 보신다면 얼마나 부러우실까. 돌아가실 무렵, 변한 생활 모습을 보시고 말씀마다 '세상이 많이 편해져서 여자들이 호강하는 세상이다.'라고 입버릇처럼 하셨다.

어머니께서 늘 하시던 말씀은 '어린 나이에 시집와서 시부모님 한복에 너희 아버지 한복까지 모두 내 손끝에서 만들어졌다. 그 고생은 말로는 표현이 모자란다.' 하시던 하소연을 나는 많이도 듣고 자랐다. 불쌍하신 어머니, 시대를 잘못 만나서 손끝이 갈라지도록 일을 하셨지만 순간의 실수로 대님 짝이 서로 맞지 않고 다른 것만으로도 아버지의 불호령을 감수해야 했다.

하지만, 아버지의 이승 마지막 외출복 삼베수의 대님까지 어머니께서 손수 만드셨다. 장마철 지나 볕 좋고 바람 부는 가을날, 손수 바지랑대 높이 세워 일일이 습기 제거까지 하는 수고로움도 마다하지 않으신 어머니셨다. 아버지의 일생은 단 한 번도 한복 이외 다른 옷은 입지 않으셨다. 아버지의 한복 사랑만큼 어머니의 고생이 뒤따라야만 했다. 어머니의 말씀 '그래도 너희 아버지는 일평생 점잖은 옷만 입고 지냈다.' 덕분에 동정에서 대님까지 눈감고도 만들 수 있게 되었다고 자랑도 많이 하셨다. 어머니는 늘 한복 기술자가 되었다고 긍지를 가지셨다.

* 대님 : 남자들이 한복을 입을 때, 바지의 발목 부분을 매는 좁은 끈
* 받때이 : 대님의 경상도 사투리

목단꽃

　어머니 시집올 때 혼수 십자수 횃댓보! 안방 횃댓보에 꽃 자주 붉게 물든 모란이 복스럽게 웃고 있다. 부귀의 소망까지 혼수로 데려왔다.
　첫 신행길에 외할아버지가 정표로 사랑방 모퉁이에 한 그루 심어 놓은 목단 꽃나무, 어머니께서 꽃 중에 목단꽃을 제일 좋아하셨다. 목단꽃이 복스럽게 피는 날이면 외할아버지를 만난 듯이 기뻐하셨다. 지나간 시간을 소환해서 혼잣말처럼 중얼대는 대화엔 늘 외갓집을 그리워하는 마음이 묻어 있었다.
　우린 외갓집이 없었다. 우리 형제들은 외갓집이 있는 친구들이 부러웠다. 외할머니 일찍 돌아가시고 외할아버지께서 외동딸 시집보내고 한국전쟁 때 돌아가셨다. 어머니는 친정 없는 일생을 평생 사시고 세상 떠나셨다. 가끔 어린 우리 형제들에게 하소연을 풀어놓으시곤 했다.
　'시집온 여자가 친정이 없다는 것은, 나라 잃은 설움 같다.'라고 푸념을 늘어놓으실 때가 한두 번이 아니었다. 할머니와 고부 갈등이나, 아버지와 부부 다툼이 있으면 눈물을 지으시던 우리 어머니셨다.

목단꽃이 활짝 필 때면, 혈육을 만난 듯 좋아하시던 어머니, 외할아버지 온기를 느끼듯 꽃잎을 쓰다듬고 대화를 나누는 모습이 처연하기까지 느껴졌다. 어머니께서 입버릇처럼 '혈육이란 내 살점과도 같고, 목숨과도 같다.'라고 말씀하셨다. 해마다 5월을 그리워하며 가슴 아픈 달이라고 목단 꽃나무 가지 하나라도 꺾지 말라고 신신당부하셨다.

나도 5월 목단꽃이 피면 하늘 가신 어머니가 가슴 아리도록 그립다. 올해도 사랑방 모퉁이에 목단은 활짝 피겠지, 누가 외할아버지 모습을 그리워하겠는가. 촌수가 혈육을 줄 세우기 한다는 걸 어머니께서 외할아버지를 사무치게 그리워하던 모습을 보면서 깨달았다. 나도 지금 어머니를 많이 보고 싶어한다.

안방에 피어있던 십자수 모란은 지금 오간 데가 없다. 어머니 안 계신 고향 집을 관리하는 사람이 없다는 증거다. 삶아 빨아 푸새*해서 다듬이질할 사람은 어머니 이외에 아무도 없다. 누군가 어머니 돌아가시고 삼우제를 지낼 때 불태웠던 것 같다.

꽃 중에 5월의 목단꽃은 '화중왕'이라 불리는데, 목단꽃은 제 이름값을 톡톡히 해내고 있다. 꽃의 크기가 크면서 화려하고 받쳐 입은 초록 치마가 '녹음방초'를 이루기 때문이다. 앞으로 누가 있어 고향 집 사랑방 앞에 있는 '화중왕인 목단꽃'을 관리할까. 생각할수록 마음이 아프다.

어머니 한 분이 미치는 영향은 무척이나 컸다. 자식들 중심축이 되어서 희로애락의 해결사이며 마음의 결집을 만드는 곳이기도 하였다. 남동생은 항상 구정 명절을 지나고 어머니와 작별 시간에 항상 하는 말이 있었다.

"어매, 목단꽃 필 때 다시 올게요."

남동생의 인사는 토씨 하나 틀리지 않고 늘 똑같았다. 어머니께서 목단꽃이 피면 아들이 찾아올 것이라 믿고 싶었을 것이다. 그리고 자식들은 해마다 형편에 맞추어 목단꽃이 피면 고향을 찾았다.

1m가 넘는 담 너머로 검붉은 꽃잎은 혀를 날름거리듯 바람에 흔들리며 우리 형제를 맞아주었다. 버선발로 맞으시는 어머니, 첫마디가 꽃이 만발했다는 말씀을 하신다.

"다음 주에 왔으면 꽃이 져서 못 보았을 텐데 잘 왔다."

바로 사랑방 모퉁이로 안내하신다. "와! 예쁘다." 모두 감탄을 한다. 그 덕분에 신이 나신 어머니. '그래, 너희 외할아버지가 심어주셨지.' 해마다 똑같은 어머니 말씀이다.

"목단꽃은 봄이면 어김없이 다시 피는데, 꽃나무 심어준 아버지는 어디에서 다시 만날까."

자식 얼굴을 보는 반가움에 입가는 벙글지만, 눈가는 촉촉한 그리움이 검붉은 목단 꽃잎처럼 눈시울을 적셨다.

* 푸새 : 천이나 옷 따위에 빳빳하게 풀을 먹임

운동화

시골 오일장은 마술 장터 같다. 없는 게 없이 많은 걸 볼 수 있고, 원하는 건 모두 살 수 있는 곳이다. 어린 시절 어머니를 따라 오일장에 갔을 때, 본 풍경 중 지금도 아련히 내 기억 속에 남아 있는 건 신발을 파는 가게다. 장이 서는 한 곳에 주로 검정 고무신이거나 흰 고무신을 전시하면서 장사를 하고 있었다. 내가 어렸던 그 시절에는 아마도 흰 고무신이 빨리 닳아서 그랬는지 알 수 없지만, 어른들은 일할 때는 검정 고무신을 신고 외출할 때만 흰 고무신을 즐겨 신었다. 나도 어릴 적에 검정 고무신을 신어 보았다. 흰 고무신에는 꽃그림이 그려져 있었고, 그 위에 리본 장식이 있는 나름대로 멋을 낸 신발이었다. 어쩌다 아버지 주머니 사정이 좋을 때면 그것도 겨울에만 가끔 운동화를 신었던 기억이 난다.

어느 날 우리 학교에 젊은 여자 선생님이 부임해 오셨다. 하얀 끈이 있는 검정 운동화를 신고 오신 선생님은 아이들에게 부러움의 대상이 되었다. 아이들은 선생님과 친해지고 싶어서 열심히 공부했다. 선생님이 문예반을 맡으신 것을 알고 나는 마땅히 그러해야 하는 것처럼 문예반을 선택했다. 그냥 선생님을 자주 만난다는 이유 하나만으로도 행복하고 기뻤다. 선생님은 날씨가 화창한 날에만 흰 운동화를 신었다. 선생님의 운동화만 보아도 그날의 날씨를 짐작할 수가 있었다. 교실에서는 슬리퍼를 신으셨다. 복도에 나란히 놓여 있는 선생님의 운동화를 나는 몰래 몇 번이고 신어 보았다. 고무신보다 촉감이 좋아 폭신한 운동화 안쪽 천이 발을 감싸줄 때의 기분은 신기하고 따뜻하였다. 나는 자주 선생님의 운동화를 얌전하게 정리해 놓곤 하였다. 선생님처럼 화사하고 올바른 어른으로 자라 검정 고무신 대신 운동화를 실컷 신어 보리라고 다짐하였다. 봄부터 겨울까지 색깔별로 선택해 신을 수 있는 날을 희망하며 늘 부러워했다. 겨울이면 발도 따뜻하고 눈이 와도 미끄럽지 않은 운동화는 나에겐 동경의 대상이었다.

  어느 해 겨울 추운 어느 날 우리 반 반장이 검정 운동화를 신고 왔다. 이것은 하나의 사건이고 중대한 소식이었다. 반 아이들은 운동화를 만져 보고, 어떤 친구는 한 번만 신어 보자며 운동화를 벗어보라고 야단법석을 떨기도 했다. 그러는 동안 줄을 서서 기다리고 있었다. 나는 자존심이 강했던 탓인지, 아니면 부끄럽고 용기가 없어서 그랬는지 줄을 서지도 않은 채 쉬는 시간을 그냥 보냈다. 반장의 아버지는 면장이었다. 농사꾼이신 우리 아버지는 검정 고무신만 사

주어서 그런지 아버지가 싫을 때도 있었다.

　지금도 나는 운동화를 자주 신는다. 그때마다 그 여선생님이 보고 싶다. 지금 와서 생각하니 부모님도 마음 아팠을 거란 생각이 든다. 어느 부모가 자식한테 잘해주고 싶지 않았겠는가? 물자가 부족하고 모두가 살기 힘든 시기인 데다 형제가 많다 보니 어쩔 수 없었을 것이다.

　어느 날부터 복고풍이 유행이라고 비슷하게 생긴 운동화를 거리에서 자주 볼 수 있었다. 마주칠 때마다 정겹고 나에게 희망을 주었던 흰 운동화, 검정 운동화만큼 예쁘고 고우셨던 선생님은 지금 추억 같은 새내기 교사 시절을 기억하고 계실까! 어떤 모습으로 나이 들어가고 있을지 궁금하다.

　농촌 출신 우리 세대는 초등학생 시절에 구두나 운동화보다 오일장에서 어머니께서 사다 주신 까만 고무신이 역사이면서 추억이었다. 엿장수 아저씨한테 낡고 헌 고무신을 갖다 주면 그 대가로 사탕 한 알이나, 엿 한 가락을 받았다. 고무신이 빨리 닳기만 바란 적도 있었다. 어떤 친구는 집으로 가는 길에 강가 바위에 걸터앉아서 고무신을 돌에 갈아서 낡게 만들거나 구멍을 내기도 하였다. 부모님 주머니 사정은 아랑곳없이 사탕 한 알에 유혹당해서 그런 장난을 자주 하곤 했다. 돌이켜 보면 순수하지만 어리석은 장난이었다. 고무신 바닥을 갈던 강가 바위는 그대로 있는데, 고향 친구와 선생님은 오늘 무슨 신발을 신고 하루를 맞이하고 있을까.

며칠 전 동네 재래시장에 들렀다. 그곳에 예쁜 운동화가 많았다. 웬일일까! 고무신이 더 소중하게 장식처럼 전시되어있는 걸 보고 세월의 무상함을 느끼기도 했다. 내 어릴 적 고향 오일장과 비슷하면서도 달라져 있는 모습에 웃음이 절로 나왔다. 나는 텃밭에서 신을 장화 한 켤레를 산 뒤 뒤돌아 나오면서 눈 맞춘 흰 운동화 따뜻한 촉감 속에 내 어린 시절의 추억을 남겨두고 돌아왔다.

2
붉은 소화제

가양주
누름돌
붉은 소화제
암반
자리끼
정구지
짱돌
토렴
도토리묵 한 접시
박탁
방짜
송기
조청 한 사발
허방
자반고등어

가양주

하교 시간은 달리기 경주를 하듯 질주하는 날이 많았다. 하굣길은 이웃 마을을 지나야 집에 도착하는데, 그날따라 중간마을 지나가는데, 어른들의 웅성거림이 있고 무엇인지 알 수는 없었지만 분명 무슨 일이 있어 보였다. 궁금하던 차 때마침 동네 어른이 소리를 치면서 경찰을 쫓아내고 있었다. 농사철에 집집마다 농주를 만들어 먹던 시절인데, 그 시절에는 밀주를 해 먹다가 경찰에게 걸리면 처벌을 받았다. 당시는 수시로 밀주 단속을 했었다.

그걸 본 친구들과 나는 달리기 선수처럼 집으로 뛰었다. 우리 동네 어른들께 알려드릴 마음이었다. 먼저 집에 들어서자 대청마루에 앉아 계시는 할머니께 술 순사가 저쪽 마을까지 와서 난리가 났다는 소식을 전해 드렸다. '뭣이 순사가 나왔다고 큰일 났다.'면서 할머니는 여기저기 술독을 숨길 곳을 찾느라 분주할 때, 물을 길러 오시던 어머니가 눈치를 알아채고는 '어맴요. 이번엔 독이 작으니 큰 아궁이 속이 어떻습니까?' 하는 말이 떨어짐과 동시에 할머니께서 가슴에 안고 있던 항아리를 재빠르게 아궁이 속으로 옮기시던 모습이 생생하게 기억난다.

다행하게 그날은 순사가 우리 동네까지는 오지 않았다. 요즘에는 각자 솜씨를 뽐내듯 술을 만들 수 있는데, 그 시절에는 왜 그랬을까. 농사철에 막걸리 한잔으로 힘을 쓰던 농사꾼들이 술이라기보다 보약처럼 반주로 마셨다. 그런 걸 가지고 경찰이 제재를 하던 시대였다. 집집마다 솜씨가 다르고 막걸리란 이름으로 이웃과 정도 나누었다. 농사철에 밭두렁에서 한잔을 나누면 농주가 되고, 잔칫집에서 나누는 정은 막걸리가 되었으며, 5일장 귀퉁이에서 마시는 우정은 탁배기가 되었다.

이 한 잔 술을 빚기 위하여 손이 많이도 가는 과정이 기다렸다. 누룩을 먼저 빚었다. 할머니와 어머니는 분국粉麴을 만들어 사용했다. 누룩을 만들 때 오랜 경험을 토대로 눈대중으로 만들었다. 수분조절이 중요했다. 수분이 많으면 유해 미생물이 생기고, 수분이 적으면 이로운 미생물이 충분하게 배양되기가 어렵다는 것과 온도 조절도 까다롭다는 걸 알고 있었다. 갑자기 온도가 높으면 부패하기 쉽고 겉만 바르고 속은 썩어 버리는 일이 생겼다. 동그랗게 만든 누룩을 술을 빚는 과정에서 버리는 일이 가끔 일어났다. 할머니는 가끔 아깝다고 아쉬워하는 모습을 보이셨다.

할머니와 어머니의 가양주*는 명절에 최고의 솜씨를 발휘하곤 했다. 찹쌀과 기장쌀을 7대 3 정도로 섞어 고두밥을 지어, 한 김이 나가면 누룩과 물을 적당하게 넣고 손으로 비벼 그다음 이스트란 효모, 일명 술 약을 눈대중으로 넣어 섞어 놓았다. 그리고 항아리에 담아서 온돌방 구석에 해진 이불 하나 덮어놓고 기다리면, 아버지가 좋아하시는 막걸리가 숙성되었다. 약 5일이 지나면 항아리에서 뽀글뽀글 효모들이 일하는 소리가 안방에 퍼졌다.

할머니는 그때 대나무로 만든 용수를 항아리 중앙에 넣어 두었다. 다시 2~3일이 지나면 용수 안에는 노란 청주가 맑게 완성되어서 명절 제상에 올릴 준비를 마쳤다. 어머니의 능숙한 손놀림에 맑은 청주가 얼굴이 비치면 웃음이 벙글어 갔다. 양은 주전자에 가득 담아 응달진 뒤란 항아리 속에 보관을 했다.

명절 제사가 끝나면 뒤풀이는 음복과 함께 술맛 이야기로 꽃을 피웠다. 할머니의 손맛을 이어 어머니의 술맛은 동네에서 알아주는 솜씨였다. 아버지의 사촌인 당숙은 어머니 손맛을 잘 알고 있는지라, 일이 있는 날이든 없는 날이든 우리 집에 술이 있다는 걸 알면 마지막 한 잔까지 마셔야 직성이 풀리는 성미였다.

"형수님 딱! 한 잔요."

언제나 한 잔이란 말만 했다. 한 번도 두 잔이란 말은 들어 본 적이 없었다. 막걸리 한 잔이 집안끼리 정을 두텁게 했다. 힘든 농사일을 마치고 탁배기 한잔에 시름을 지우는 농심農心을 누가 술주정뱅이라 부를 수 있을까.

나는 어른이 된 지금도 해결되지 않는 궁금증이 하나 있다. 왜 그 당시에 순사라는 이름으로 온 면민을 괴롭히던 일이 왜 생겼는지 알 수가 없다. 짐작건대, 막걸리 도가를 운영하는 상인들의 상술과 농간이 아닐까 하는 생각도 들었다. 오늘날에는 각 지방마다 자기 지방의 이름을 달고 술 광고까지 한다. 가난하고 힘든 농사꾼들이 새참으로 즐겨 마시던 농주를 만드는 일까지 불법으로 규정하며 처벌을 주던 때가 잊지 못할 추억의 그림자로 남아 있다.

* 가양주 : 집에서 빚은 술. 가양주를 빚어 먹었던 예전에는 정성스럽게 빚은 맑은 술을 제주祭酒로 모셔 놓았다.

누름돌

지난해 김장을 마치고 남은 무로 짠지를 담았다. 남편은 해마다 여름이 오면 입맛이 없다고, 칼칼하게 무친 짠지를 찾았다. 고향에서 시어머님이 직접 만들어주신 짠지를 좋아했다. 어릴 때 반찬으로 많이 먹었다고 자주 말했다.

15년 전까지만 해도 시어머님이 손수 만드신 짠지를 가져와서 먹었다. 이제 연세도 많으시고 먹을 사람도 없으니 안 만든다고 했다. 시댁에 가면 남편은 늘 시어머님께 짠지가 있는지를 여쭤본다. 시어머님은 '아이고 귀찮아서 못 한다. 너희가 만들어 먹어라. 짠지 만들기는 매우 쉽다.'라고 대답하곤 하셨다.

나는 시어머님께 짠지 만드는 방법을 배웠다. 시어머님께서 신난 듯이 알려주셨다. '반드시 가을무를 깨끗하게 씻은 다음, 그늘에 물기를 말려라. 물기가 없어야 한다. 적당한 크기의 무 10개에 소금 1.2kg 정도 넣으면 적당하다. 소금을 많이 넣어 맛이 짠 것은 괜찮지만 싱거우면 곰팡이가 생긴다.'고 하셨다. 그리고 물기 없는 항아리에 무와 소금을 켜켜이 넣으라는 당부도 잊지 않으셨다.

나는 시어머님께 '물은 안 넣습니까?' 여쭈었더니 물은 넣지 말아야 한다고 하셨다. 소금에 버무린 무에서 짠물이 나오니 누름돌이나 잘 챙기라고 하셨다. 시어머님은 몇 번이고 누름돌이 중요하다고 강조하셨다. 나는 시어머님께서 말씀하신 내용을 메모지에 일일이 적어서 보관했다.

지난해 텃밭에 직접 수확한 단단한 가을무로 짠지를 담았다. 소독한 항아리에 소금과 무를 켜켜이 넣어서 약 5일 후에 항아리를 열어보았다. 신기할 만큼 소금물이 많이 생겼다. 손가락으로 물을 찍어 먹어보니 정말 짜다. 이 정도면 부패하지 않고 여름까지 보관이 잘 될 것 같았다. 그리고 핵심은 누름돌이다. 이대로 두면 모두 부패해서 못 먹을 수도 있다. 누름돌의 역할을 기대할 차례이다.

며칠 전부터 누름돌을 어떻게 구할까, 인터넷을 뒤졌다. 신기하게도 판매하는 곳이 있었다. 하지만, 나는 옛 방식 그대로 돌을 구하기로 마음먹었다. 집에서 약 20킬로 떨어진 시골마을 강가를 찾았다. 지난해 수해를 입은 듯 강가에 짱돌들이 많이 보였다. 초등학생 시절 보물찾기 하듯 풀섶도 뒤지고 이리저리 찾아보아도 누름돌 할 만한 돌은 보이지 않았다.

누름돌은 납작하고 항아리 아가리에 들어갈 만한 크기면 적당하다. 물길 따라 조금씩 올라가면서 샅샅이 살펴보았다.

아~ 이게 웬 횡재인가. 몽돌처럼 생기고 납작하면서 단단하게 생긴 돌 하나를 발견했다. 복권에 당첨된 듯이 기뻤다.

나는 동네 사람들이 볼까 봐 숨을 죽인 채 얼른 배낭 속에다 돌을 집어넣었다. 나는 이 동네 돌 하나를 훔친 격이다. 마음속으로 '죄송합니다. 제가 누름돌 하나가 꼭 필요해서 자리만 옮길 뿐입니다.' 하며 마을을 향해 목례를 했다. 혼자서 별별 생각을 다 하면서 갔던 길을 되돌아왔다. 인터넷으로 사는 돌도 좋지만, 바람에 씻기고 물길에 닳은 자연산 돌이 누름돌로 안성맞춤이었다.

나는 가져온 돌을 커다란 솥에 넣고 삶았다. 소독도 할 겸 밖에서 가져온 것이니 100도 끓는 물에 잡균까지 없애고 싶었다. 팔팔 끓는 물에 돌은 열 세수를 하고 있었다.

약 10분쯤 열탕에 세수를 시킨 뒤 식히니 돌이 뽀얀 살결처럼 깨끗해 보였다. 그런 다음 항아리를 찾았다. 이제 누름돌의 역할을 기대하면서 며칠 전에 항아리에 넣어둔 무를 눌러줄 차례다.

나는 누름돌만 누르면 혹시나 한쪽으로 기울기라도 할까 봐 고민을 했다. 다행하게 무를 잘라놓은 무청이 소금에 팍팍 절어서 소금물에 둥둥 뜨는 무를 덮었다. 그 위에 누름돌을 얹으니, 부처님이 가부좌를 하신 듯 반듯하게 앉아 있다. 그렇게 5~6개월이 지났을 무렵 남편이 '지난해 가을 짠지 만들었다며, 한번 먹어보자.'라고 말했다.

나는 깜박 잊고 잊었다. 조금 두근거리는 마음으로 항아리 뚜껑을 열어보았다. 신기하게도 누름돌은 제자리에 얌전하게 앉아있었다. 누름돌을 건져내고 덮어두었던 무청을 열었다. 짠지는 성공적이었다. 가을무 위쪽은 파랗고 아래쪽 흰 부분은 연한 노란색이 살짝 들었다. 싱싱하고 튼실하던 생무가 소금과 삼투압이 되어 쪼글쪼글한 짠지로 변해 있었다. 나는 남편에게 짠지를 보여주니, 올여름엔 짠지를 먹을 수 있겠다며 나에게 고마움을 표하기도 했다.

누름돌을 찾은 과정도 낱낱이 설명해주었더니, '편하게 사서 사용하지 뭐 그리 힘들게 살아요.'라고 하는 말 속엔 흐뭇해하는 마음이 담겨 있었다. 나는 생각이 좀 다르다. 전통적인 방법으로 만들려면 전통적인 재료가 꼭 필요하다고 생각했다. 아무도 강요하지 않았지만 스스로 선택한 수고였다. 자연 그대로의 강가에 있는 돌이 바람과 물길이 다듬어준 모양대로 짠지를 담그고 싶었다. 돈을 주고 산 누름돌보다 내가 발품을 팔아서 자연이 만든 돌을 구했다는 사실만으로도 나를 만족하게 했고 더욱 기쁘게 했다.

올여름에 짭짤하고 칼칼하게 무친 짠지 먹을 생각을 하니 벌써 군침이 돌기 시작했다.

*누름돌 : 어떤 물건을 꾹 눌러두는 데 쓰는 돌.

붉은 소화제

'안동식혜는 천연소화제다.'

어릴 적 고향 집에 섣달그믐 무렵이면 어머니의 무채 써는 소리가 요란했다.

요즘에 유행하는 난타 소리와 많이 닮았다. 일명 소화제로 통하는 안동식혜 만드는 과정에서 필수적으로 동반되는 소리다. 보통 식혜는 달달하고 밥알이 동동 뜨지만, 안동식혜는 고운 고춧가루를 삼베보자기에 주물러 우려낸 물을 사용해서 만들었기 때문에 매콤한 맛이 특징이다.

가을에 추수하여 보관해 놓은 단단한 무를 집집마다 채 써는 소리로 분주해지면 마침내 설 명절이 눈앞에 왔다는 신호였다. 할머니의 할머니부터 내려온 지방 토속 음식이었다. 왜, 밤에 무채를 썰고 있는지 궁금하여 어머니께 여쭈어보면 낮에는 농사일로 바빠서 이런 일 같지 않은 것은 밤을 이용해서 해야 한다고 말씀하셨다. 무채는 가늘게 썰면 빨리 물러져서 식혜를 먹을 때 씹히는 맛이 없고, 너무 굵게 썰면 입속에서 굴러다니는 까닭에 식혜 본연의 맛을 잃는다고 적당한 크기로 채를 써는 이유에 대해서도 말씀해 주셨다. 어떤 집은 멋을 내려고 무채를 네모나게 썬다고 한다.

먼저 햇찹쌀로 고두밥을 지어 놓았다. 겨울 무 구덩이에 함께 보관하던 생강을 몇 개 꺼내 손질을 마쳤다. 준비해 둔 무채와 붉은 고춧가루 물을 섞어놓고 생강을 으깨어 고운 체에 내려서 그 즙만 사용한다. 엿기름도 집에서 할머니와 어머니께서 만들어 사용하셨다. 엿기름은 여름에 보리타작이 끝나고 깨끗하게 씻은 보리를 삼베자루에 넣은 채 냇가 흐르는 물속에 며칠을 보관해 놓았다가 자루를 건지면 벌써 보리는 눈을 틔우고 있었다. 물속에서 건진 보릿자루를 물이 잘 빠지도록 며칠을 두면 싹이 톡톡 자랐다. 싹이 너무 자라도 못 쓰고 약 0.5 센티미터 정도 자랐을 때가 가장 영양가 좋은 엿기름이 만들어진다고 했다.

할머니께서는 가끔 '성질 급한 놈 입보다 보리 싹이 더 빠르다.'라고 말씀하실 때가 있는데 그만큼 보리는 습기만 닿으면 더운 날씨 탓에 싹이 빨리 튼다는 말씀이었다. 마지막은 차갑지도 뜨겁지도 않은 고두밥을 함께 버무려서 항아리에 보관했다. 끓이지 않아도 며칠이 지나면 자연 발효가 되었다. 그리고 먹을 당시에 고명으로 잣이나 몇 개 띄우면 손님 대접에도 손색이 없었다.

선조先祖님의 지혜는 현대 의학보다 앞서 있는 듯했다. 병원도 없고, 약도 없는 산골마을에 대대손손 몸으로 체험하여 자연 소화제로 이용한 것이 식혜였다. 명절 음식의 대미大尾는 늘 붉은 식혜로 마무리했다. 얼마나 지혜로운가? 명절에 음식을 많이 섭취해서 속탈이 날까 봐 천연소화제이며 방부제 역할을 톡톡히 하는 붉은 소화제인 안동식혜로 명절을 마무리했던 것이다.

설날 친척집이나 친구 집에 가면 어김없이 맛있는 음식이 차려져 나왔고 음식 끝에는 조금씩 뒷맛이 다른 식혜를 먹어야 했다. 그 또한 지혜였다. 집집마다 음식이 다르니 혹여 먹고 배탈 나면 안 된다고 붉은 식혜가 세 살 난 아기가 어미 곁을 떨어지지 않듯이 식사와 함께 곁들여 먹게 했다. 그래서인지 어릴 적 명절 끝에 배탈 나는 사람은 찾아볼 수가 없었다.

언젠가 남편 상사 한 분이 동향인同鄕人이라 무슨 말끝에 '붉은 식혜가 먹고 싶은 것은 고향이 그립다는 뜻이다.'라고 말한 적이 있다. 그리고는 부모님께서 계시지 않는 지금 붉은 식혜 만드는 사람이 없어서 아쉽다고 했다. 동향이란 것이 반갑기도 해서 마음속으로 나도 안동식혜를 만들 수 있다고 접수해 놓았다. 때마침 추운 겨울 날씨라 맛은 보장되리라는 믿음을 갖고 난생처음으로 안동식혜를 만들어 보기로 했다. 어머니 어깨너머로 보아온 것을 떠올리며 기억에 아슴아슴한 것은 전화로 어머니께 여쭈었다. 일명 붉은 레시피였다. 붉은 식혜는 어머니가 만드는 걸 많이 보았기에 크게 어렵지는 않았다.

다음 날 안동식혜가 발효되는 시간을 기다려 먹어보니 어릴 적 먹어본 바로 그 맛이었다. 스테인리스 주전자에 담아서 고향 분을 찾아서 전해 드렸다. 다음 날 전화로 보낸 답변은 고마움이 한 주전자 그득할 정도였다. 오랜만에 진짜 고향 분을 만났다, 라는 인사였다. 붉은 식혜 맛을 아는 사람과 그것을 만들 수 있는 사람은 진짜 안동 사람이다. 맛을 잊지 않는 사람은 고향을 잊지 않는다는 말이 가슴을 울려왔다.

나마저도 잊혀 가던 고향의 맛 붉은 식혜, 그리운 맛을 되살릴 수 있게 기회를 주신 그분께 나는 오히려 고마워했다. 천연소화제인 안동식혜는 오늘날 특산물이 되어 여행자의 선물 꾸러미 속에 소중한 자리 하나를 차지하고 있다. 가끔 동생이 고향 다녀올 때 사다 주던 붉은 식혜를 먹을 때면 내 마음은 고향에 대한 그리움으로 붉게 익어간다.

암반

　보릿고개 시절, 가족끼리 밥 한 끼를 때우는 일은 마치 전쟁과 같았다. 어릴 적 고향 집 마당에는 멍석이 펼쳐지고 멍석 한쪽엔 펄펄 끓는 칼국수가 가족들의 저녁 끼니를 위해 김을 내뿜고 있다. 우리 고장에는 밀가루 80% 날콩가루 20% 섞어서 칼국수를 만들어 먹었다. 농사일로 바쁜 철이라 어머니의 고생은 더욱 심하였다. 점심에 먹고 남은 찬밥이 있는 날이면 어김없이 칼국수가 저녁 식사로 준비되어 밥상에 올랐다. 또한 입맛이 없는 더운 날씨엔 찬밥에 말아서 훌훌 넘기는 칼국수를 특히 아버지께서 좋아하셨다. 할머니의 국수 밀던 솜씨도 좋았지만, 어머니의 솜씨는 더욱 좋았다. 날콩가루를 넣은 밀가루를 반죽해서 손목이 아프도록 치대서 반죽이 쫄깃쫄깃해질 때까지 고단함이 따랐다.

　요즘처럼 비닐봉지가 흔하지 않은 시절이라 반죽한 가루를 노란 양은양푼에 넣어서 다시 양푼을 덮어 놓아야 숙성이 되었다. 약 30분이 지나면 어머니께서는 할머니 무명치마를 닮은 보자기를 펼쳐 놓고 그 위에 암반*을 올려놓았다.

　잘 치댄 밀가루 반죽을 암반 위에 놓고 홍두깨로 밀어 납작하게 만든 뒤, 반으로 접어 다시 반으로 몇 번을 접어서 무쇠 식칼로 3밀리미터 너비로 자르면 맛있는 칼국수 재료가 되었다. 육수용 굵은 멸치 한 주먹 넣고 팔팔 끓이다가 어머니 손가락 사이로 훌훌 털면서 넣었고, 암반 위에 그대로 애호박 채 썰고 대파를 숭덩숭덩 썰어 놓았다가 한숨 끓어오를 때 넣으면, 어머니께서 끓여주시던 유명한 고향 집 칼국수가 된다. 여름 한철은 칼국수의 계절인지라 암반은 부지런히 일해야만 했다. 거의 매일 저녁 한 끼는 칼국수로 식사를 해야 하는 일이 많았기 때문이었다.

　암반은 소나무를 이용해서 할아버지께서 만드셨다. 할머니, 어머니까지 대를 이어 칼국수 공장이었다. 박달나무로 만든 홍두깨가 반질반질하도록 사용하였다. 암반과 홍두깨는 가끔 다른 용도로 쓰일 때가 있다. 두껍고 커다란 무명이불이나 명주 이불을 세탁해서 다림질하는 역할도 했다. 세탁한 이불 천을 홍두깨에 돌돌 말아서 암반 위에서 칼국수처럼 밀다가 깨끗한 버선발로 자근자근 밟기도 했다. 마술이나 하듯 주름이 펴지고 반들반들해진 옷감을 바람이 통하는 뒤란에 펼쳐 놓으면 다림질은 끝났다. 이밖에도 암반은 요긴하게 쓰이는 일이 많았다.

　동네잔치가 있는 날, 마당에 차일을 친 곳에는 어김없이 암반이 자리를 잡았다. 갖가지 떡, 과일, 부침을 나누어 담는 역할도 했다.

안반 모서리에 자리 잡은 떡 조각들이 일하는 아낙네들의 배를 채워 주기도 했다. 보기 좋은 것은 손님들께 대접하고 부스러기들만 먹는 동네 어머니들은 이웃 일도 내 일처럼 돌봐 주었다.

10월이 오면 집안끼리 시사를 모셨다. 시루떡을 편으로 쌓아야 할 때는 반드시 사용되는 것이 바로 안반이었다. 시사 제사를 위해 노란 콩고물로 만든 시루떡을 네모난 제기에 귀퉁이를 맞추어 쌓아 올리는 것이 쉬운 일은 아니었다. 편을 쌓아 올리는 것 또한 기술이 필요해서 솜씨 좋은 사람이 맡아서 준비를 했다. 우리 동네에는 큰집 아주머니가 제일 솜씨가 뛰어나서 이 집 저 집 초대받아 일손을 돕는 일이 해마다 반복되었다.

우리 집 시사 준비에도 어김없이 큰집 아주머니가 오셨다. 커다란 무명 보자기를 펼치고 안반을 중간쯤에 올려놓은 다음, 아버지께서 이른 아침 숫돌에 시퍼렇게 갈아 놓은 부엌칼과 네모진 큰 제기를 준비하고, 정확한 길이를 재야 하기 때문에 추수하고 쌓아 놓은 볏짚 단에서 깨끗한 볏짚 줄기 하나를 준비해서 줄자 대신 길이를 재어 한 치의 오차도 없이 떡을 잘라서 쌓았다.

그때면 동생들은 약속이나 한 듯 안반 모서리에 앉는다. 아주머니가 손 바르게 제기에 떡을 쌓아 올릴 때, 칼 밥이라 하는 부스러기를 우리들은 맛나게 먹을 수가 있었다. 안반의 모서리에는 떡을 자르고 남은 칼 밥이 수북하게 쌓이면 아이들과 일손 바쁜 어른들의 입가심 거리가 되기도 했다. 자기 몸을 아낌없이 내주는 안반의 몸은 칼자국이 주름살처럼 생기기도 했다. 칼국수 썰 때나 시루떡 제기에 쌓을 때마다 암반은 불만 없이 온몸 만신창이가 되도록 희생을 했다. 언제나 무슨 일에나 암반은 매 맞고 칼부림 당하는 일을 도맡아 했다. 암반은 자신의 운명이 당연한 듯 어떤 상황이 닥쳐도 스스로 품어 안고 달랬다. 몽둥이도 칼부림도 숙명으로 받아들였다.

그래도 암반은 홍두깨와 같이 산 시간이 어쩌면 가장 행복했을지도 모른다. 암반과 홍두깨는 부드럽고 말랑말랑한 살을 가진 것들과 함께 일을 해 왔기에 암반의 일생에서 두고두고 반추할 추억으로 남아있을 것이다.

세월이란 참 무상하다. 옛 풍습과 칼국수를 좋아하시던 내 부모님, 인자하시던 고향 어른들, 마냥 좋기만 하던 어릴 적 친구들과 칼부림을 당해도 온몸을 던져 희생하던 고향 집 암반까지 현대의 물질문명이 그 모두를 황망하게 추방해 버렸다. 추억만 남겨 놓은 채 앗아가 버렸다.

어느 날, 우연히 전통시장 귀퉁이 만둣가게에서 만난 암반은 뽀얀 밀가루를 덮어쓴 채 열심히 일하는 모습에서 언뜻 고향 집이 떠올랐다. 아래채에 덩그러니 매달린 암반은 묵은 때가 덕지덕지 쌓여 있고, 홍두깨도 새끼줄에 매달린 채 색이 바래 있었다. 암반 바닥과 홍두깨 모서리에 밴 어머니의 체취가 아련히 추억의 향기로 되살아났다.

* 암반 : 칼국수를 만들기 위하여 밀가루 반죽을 얇게 밀거나 민 것을 썰 때에 받치는 두껍고 넓은 직사각형의 나무판

자리끼

　내 어릴 적 고향 집은 추운 날이면 참나무 장작을 패서 군불을 지피는 일이 일상이었다. 긴 겨울밤 방 안의 습도를 조절하기 위해 세탁한 빨래를 방에다 널었다. 집집마다 그 모습이 비슷했다. 옛 어른들의 생활의 지혜를 오늘날에 생각해 보아도 매우 과학적이었다. 우리 집 방 안에서 밤이면 꼭 만날 수 있는 게 노란 양은 주전자와 사기 사발이었다.
　내 고향은 산골이다. 문명의 혜택을 덜 받아서 그런지 옛 그대로 삶의 방식을 고수했다. 하지만, 오늘날에 뒤돌아 생각해 보면 부모님으로부터 물려받은 건강한 몸을 유지할 수 있었던 것은 현대의 물질문명과는 일정한 거리를 둔 채 자연 그대로의 모습을 지키며 살아가는 고향 덕분이 아닐까 하는 생각이 든다.
　우리 집은 3대가 한 지붕 아래 살았기에, 할머니에 대한 어머니의 세심한 배려가 일상처럼 반복되었다. 저녁이면 아버지께서 참나무 장작으로 아궁이의 입이 터지도록 군불을 지피고, 아버지와 할머니 겸상한 저녁 식사가 끝나면 입가심으로 숭늉이 필수였다. 어머니의 빈틈없는 준비성은 언제나 별반 다름이 없었다. 동그란 쟁반과 생수를 담은 주전자, 사기 대접을 마련하면 할머니의 긴긴 겨울밤의 자리끼 준비가 끝난다.

할머니의 자리끼는 가끔 어린 우리 형제의 급체를 막아주기도 했다. 특히 군고구마를 먹을 때 동치미 한 그릇이 부족할 때면, 윗목에 자리 잡은 할머니의 자리끼는 어두운 바깥출입을 막아주었다. 어느 날은 할머니의 자리끼가 부족한 날이 있었다. 우리 형제는 사랑방에서 부엌까지 가는 무서움 때문에 서로 미루었다. 순간, 지혜를 짜내어 가위바위보 게임을 해서 지는 사람이 심부름을 하기로 정했다.

어느 날은 내가 담당이 되어 부엌 대문을 열 때, 까무러치게 놀란 일도 있었다. 조용함을 여는 순간, 메마른 나무 대문의 삐거덕거리는 소리에 화들짝 놀라기도 했다. 캄캄함을 여는 순간 귀신을 만난 듯하여 한 번 더 놀라기도 했다. 양은 주전자 잡은 손은 무척이나 힘이 들어가 있었다.

아궁이 건너편 부엌 바닥에 웅크리고 앉아있는 물두멍, 아버지가 손수 오동나무로 만든 뚜껑을 여는 순간 항아리 물에 비친 내 모습에 또 한 번 소스라치게 놀라며 비명을 지르기도 했다. 안방에서 어머니가 놀라서 뛰쳐나오셨다.

"무슨 일이냐! 다친 곳은 없냐!"

"이 어두운 시간에 심부름이냐?"

"아니요. 제가 게임에서 져서 순번이 되었습니다."

하고 이런저런 상황을 말씀드리니 어머니께서는 안쓰럽다는 목소리로

"그래도 그렇지, 이 어두움에 위험하잖니."

"앞으로 할머니 자리끼가 부족하지 않도록 준비해 놓겠다."

나는 무서움에서 천군만마를 얻은 듯 든든했다. 어머니께서는 '다음 오일장에 큰 주전자 하나 더 구입해야 했구나.' 하는 말씀을 남기시곤 방으로 들어가셨다. 그날 이후 나는 다시는 형제들끼리 그런 게임은 하지 않았다.

오늘날, 우리는 아파트라는 공간에서 편리한 삶을 누리며 살아간다. 수도꼭지만 틀면 콸콸 쏟아지는 수돗물! 그뿐인가 전화 한 통이면 슈퍼마켓에서 현관 앞까지 배달해주는 생수들 정말 편리한 세상에 살고 있다.

나는 가끔 어린 시절 캄캄한 밤에 물두멍에 물 뜨러 가던 때와 비교해 보았다. 그 시절 할머니의 자리끼와 오늘날 생수병은 어떤 공통점이 있을까! 아무리 시간과 공간이 변해도 우리는 변함없이 물을 마셔야만 살아갈 수 있다. 우리 몸의 70%는 물로 이루어져 있다는 과학적인 사실을 부인하진 않는다.

우리 할머니의 자리끼는 노란 주전자와 사기 사발이다. 오늘날 자리끼는 0.5리터 이동식 생수병이다. 손안에 쏙, 가방 안에 쏙 들어가

서, 언제 어디서나 편리하게 이용할 수 있는 생필품이다. 그런데도 어머니께서 마련해 놓으신 자리끼가 자꾸 떠오르는 것은 무슨 까닭일까?

정구지

    고향 집 앞산 비스듬한 언덕배기 초입에 어머니의 남새밭이 있다. 농촌의 바쁜 일손 때문에 오일장 가기도 힘든 시간에 남새밭 채소들이 봄부터 가을까지 장바구니의 수고로움을 덜어준다.

    농촌의 여름 나기는 하루 세 끼 식솔들 밥 챙기는 것이 농사일 못지않게 우리 어머니들께는 고단한 일이다. 한여름 식구들의 입맛이 각각 다르기 때문에 비위를 맞추는 것도 어머니의 몫이었다. 할머니와 아버지 입맛과 철없는 우리 형제들 입맛을 헤아리는 어머니는 항상 종종걸음이셨다.

    여름 비 내리던 어느 날, 할머니는 입이 궁금하시다며 '어미야 정구지 전煎이 먹고 싶다.'라고 말씀하시면 어머니 발길은 남새밭으로 향했다. 애호박 몇 개 따고 부추를 베어 와서 부추보다 양은 적게 넣으면서 애호박은 얇게 채 썰어 넣고 지글지글 부침개를 만들고 있었다. 할머니께서는 밀가루 음식을 좋아하시어 전도 무척 좋아하셨다. 궂은날에는 어머니한테 늘 부탁을 하셨다. 대신 할머니는 겨울부터 장작을 태운 재를 모아 두었다가 이른 봄 남새밭에 뿌리는 일은 해마다 할머니의 몫이었다.

채소는 날것으로 먹어야 하니 타고 남은 재보다 좋은 거름은 없다고 하시며 화학 비료는 절대 사용하지 못하도록 하셨다. 오늘날 생각해 보니 친환경 농법이었다. 내가 어릴 적에 아이들은 회충이 심하여 익히지 않고 먹는 생 겉절이와 상추 부추 등의 채소들에 두엄을 사용하지 못하게 하셨다. 타고 남은 재만 뿌려 퇴비로 사용하는 우리 할머니 지혜를 엿볼 수 있었다.

그 시각, 고소한 들기름에 바싹하게 지진 부추전煎은 종지에 담은 집 간장에 깨소금과 참기름만 넣은 양념장과 함께 상에 올렸다. 할머니와 아버지는 개다리소반에 겸상으로, 나머지 형제들은 두레상에 빙 둘러앉아 먹는 부추전 맛은 꿀맛이었다.

잠자는 이웃도 불러오게 만드는 부추전은 비 오는 날이 제격이었다. 몇 장을 여유 있게 부쳐서 커다란 접시에 담아 울담 너머 작은댁에도 인심을 전하곤 했다.

간식인 듯 주식인 듯 배부르게 먹고 나면 누군가 투정이 뒤따랐다. 장떡을 좋아하는 작은오빠는 어머니께 바로 떼를 쓰고 있었다. '어머니 고추장 넣고 빨갛게 만드는 떡 만들어 주세요.'라고 했다. 어머니께서는 '그래 너는 장떡을 더 좋아하지, 장떡은 정구지로만 반죽을 해야 하니 다시 만들어 밥할 때 만들어 주마.' 하고 달랜 적이 가끔 있었다.

　어머니께서는 다음 끼니 밥 지을 때 반죽이 어느 정도 준비되면, 고추장을 넣어서 보기에도 좋고 입맛도 당기게 하는 붉은색 장떡을 솜씨 좋게 빚으셨다. 생활의 달인이 되고도 남을 솜씨였다.

　우리 어머니 장떡 솜씨는 아주 훌륭했다. 우린 식구 수가 많아서 무쇠솥에 밥을 지을 때면, 여름에 자주 만날 수 있는 장떡이 유일한 간식이며 장떡이 반찬을 대신하는 날도 있었다. 또한 밥을 지으면서 밥물이 끓어 넘치고 나면, 아궁이 화력을 낮출 시간에 삼베보자기를 밥 위에 펼치고 준비해 놓은 정구지 장떡 반죽을 골고루 편다. 다시 약하게 한 솥 끓이면 밥과 찌는 장떡, 한꺼번에 두 가지 음식을 마련할 수 있어 바쁜 일손을 도와주는 일이었다. 그렇게 우리 집 여름 떡은 어머니께서 직접 빚는 수제품 장떡이었다.

　우리 어머니 손맛! 정구지에 애호박을 조금 썰어 넣어서 들기름에 바싹하게 구워주시던 지짐 또한 지금도 잊지 못하는 어머니의 맛이다.

　지난여름 고향 집에 갔을 때 남새밭 언저리에 핀 정구지 꽃은, 하얗게 육각형 보석처럼 알싸한 마늘 향을 풍겼다. 오랫동안 베어 먹지 않아서, 치맛자락은 풀처럼 땅에 푸석하니 내려앉아 있어서, 어머니 안 계신 자리가 이처럼 크다는 것을 새삼 느끼게 하였다.

　어머니가 계셨다면 봄부터 몇 번이나 전煎을 해 먹고, 장떡도 만들어 이웃과 나누었을 텐데, 주인 잃은 남새밭은 묵밭처럼 변해 있었다. 그래도 하얗게 꽃을 피운 정구지가 꽃밭을 이루고 있어서 어머니 만난 듯 반갑기 그지없었다.

　나는 호미를 든 김에 남새밭의 풀을 뽑기 시작했다. 남새밭은 금세 이발한 듯 말쑥한 얼굴로 하얗게 웃고 있었다. 한참을 바라보노라니 머릿수건 하고 하얗게 웃으시던 어머니의 모습이 눈에 어른거렸다. 정구지 꽃보다 아름다우셨던 우리 어머니, 저 꽃망울 수보다 많은 땀방울을 흘리셨던 우리 어머니, 어머니가 심어놓은 정구지가 주인 잃고도 환하게 웃고 있는데 다시 한번 정구지 전과 장떡을 맛볼 수 없다는 게 어머니의 빈 자리만큼이나 내 마음을 아프게 했다.

　요즘 나는 내가 어릴 적 자주 정구지 전을 먹었던 입맛을 잊을 수가 없어서 어쩌다 나의 텃밭에서 부추를 베어 와서 흉내를 내 보아도 어째 어머니 맛이 나지 않는 것은 무슨 까닭일까!

　고추장을 넣어서 무쇠솥 아닌 전기밥솥에 쪄 보아도 팬에 지져 보아도 도저히 그 맛은 아니다. 속절없이 흐른 시간 탓만 해보고, 돌아갈 수 없는 어린 시절과 다시 만날 수 없는 할머니와 어머니의 손맛을 기억 속에만 보관해 두기로 했다.

　오늘날 상술에 맞추어 시장에 나오는 장떡과 부추전은 고향 남새밭의 정구지도 아니고 우리 어머니가 만드신 솜씨도 아니어서 그런지 옛 맛이 나지 않는 것이 아쉽다.

　비료 주고 퇴비 뿌린 부추라서 그런가? 아니면 할머니께서 나무 태우고 남은 재가 아니어서 그런가? 그 이유는 알 수가 없지만 세월

따라 입맛도 변해 가는 건 어쩔 수 없구나 하는 생각이 든다.

고향의 주인 잃은 남새밭에 정구지 꽃이 하얗게 파도치듯 바람에 몸을 맡기는 걸 보면서 내년 봄에는 몇 년 묵은 정구지 포기 나눔을 해 주어야겠다고 마음먹었다.

어머니께서 심어 놓은 정구지를 볼 때마다, 우리 어머니가 그 자리에 계신 듯하다. 나는 아직 어머니를 보내 드리지 못하고 있다. 그래서 그런지 어머니 손길이 닿은 고향 집과 남새밭까지 다른 작물로 바꾸고 싶지 않다.

어머니 손길 그대로 보존하고 싶어서 남새밭 뿌리식물, 어머니가 부르던 이름인 정구지라 부르고 있다. 정구지라 부를 때면 왠지 어머니의 다정한 목소리가 숨어 있는 듯하여 더욱 애틋하다.

짱돌

 칠월 장마가 시작되면 큰물이 휘돌아 굽이치는 강물의 모습이 마치 성난 황소와 닮았다. 물머리가 한번 쓸고 내려가면 커다란 돌들이 구르는 소리가 물소리와 합해져 사나운 짐승의 울음처럼 으르렁거렸다.
 아이들, 어른들, 물 구경하는 광경은 고향에서만 보던 모습이었다. 나는 고향을 떠나 살아온 타향살이가 고향살이보다 몇 곱이나 더 길다. 그러나 해마다 장맛비가 내리면 내 귓가에 트라우마처럼 되살아나는 기억이 있다.
 물머리가 휩쓸고 지나가면 다행인 것도 있다. 일 년 동안 강가 묵은 수초와 흙 때가 말끔하게 씻겨 나가는 이득도 생긴다. 깔끔한 갱변*이 얼굴을 내밀어 반갑기도 하였다. 물속에서 구르는 동안 모난 귀퉁이가 닳아서 몽돌처럼 변해 가는 게 많았다.
 어릴 적 고향 갱변은, 친구들과 여름 방학이면 밤마다 반딧불이

보는 재미에 밤 깊어가는 줄 모르고 장난과 수다가 이어지던 곳이다. 어른들도 앞 냇가 후미진 곳에 어스름을 커튼 삼아 밤 목욕을 하곤 했다. 낮에 밭일로 더위와 싸우다 지친 아낙들이 숨어서 일과를 헹구며 정리하는 시간과 장소가 갱변이었다. 어른들 중에 가장 어린 새댁은 멀리서 발걸음 소리만 나도 짱돌* 두 개를 맞부딪쳐 딱딱 소리를 냈다. 그 소리에 어둠의 빗장을 열던 남자 어른들은 오던 길을 돌아서 갔다. 누가 말하지 않아도 그렇게 전해지고 서로 지키며 살았던 것이다. 또한 짱돌이 귀하게 대접받은 시간이며 순찰과 방호의 역할까지 했다.

가을걷이 끝날 무렵 겨울 식량이며 반찬의 대장직을 맡았던 김장김치 담는 김장철이 오면 어머니께서는 납작하고 깨끗한 짱돌을 준비하셨다. 항아리 소독부터 배추김치, 석박이, 무짠지 모든 김칫독에 짱돌을 사용하셨다.

먼저, 일 년간 쉬고 있던 빈 독을 소독할 때는 장작불에 짱돌을 구워서 항아리 속에 넣었다. 그럴 때마다 항아리 속에는 김도 아니고 연기도 아닌 것이 푸시시푸시시 소리를 내면서 소독을 한다. 그럴 때면 뚜껑까지 꼭 닫아서 다 식을 때까지 기다린다.

그 시간은 김장배추를 절이고 양념을 만드는 시간이면 충분했다. 배추김치가 만들어지고, 공기가 들어가지 않도록 꼭꼭 눌러 담아 놓을 때 마지막 절임배추 잎으로 두툼하게 덮어준다. 그 위에, 우리 어머니는 소독된 짱돌 몇 개를 김장김치 항아리 속에 넣어 두었다.

될 수 있는 한 납작한 것으로 골라서 사용했었다.

그다음, 석박이 김치를 양념에 버무려 항아리에 넣으면, 다시 소금에 절여놓은 배추 잎 몇 장을 덮는다. 석박이도 공기를 싫어한다며 짱돌을 사용했다. 그리고 다음 해 여름에 반찬이 모자랄 때 먹으려고 무와 소금만 사용하여 짠지를 만든다.

무에는 물이 전혀 사용되지 않으니, 간수 뺀 천일염과 무 1 : 2로 넣어 놓으면 무에서 저절로 물이 나와 간이 잘 밴다. 그 위에 또다시 절어놓은 배추 잎을 두툼하게 덮고 다시 짱돌을 올려놓으면 무짠지에 골마지가 생기지 않는다. 참으로 과학적이며 위생적인 방법이었다. 어떤 과학도 경험을 이길 수는 없다. 선조들에 지혜가 대단하다고 말하지 않을 수가 없다.

우리 동네 시냇가에 장맛비 내리고 나면, 8월의 땡볕에 짱돌이 익어간다. 자연 소독되며 뜨거운 삼복더위의 열도 안으로 삼키는 짱돌들이다. 스스로 그늘을 선택해 그늘 속으로 들어가지 않으며 비가 오면 그대로 샤워를 하고 한낮 땡볕에 머리가 벗겨지는 한이 있어도 말없이 불볕한증막을 몸소 견디어 낸다.

그뿐인가! 동네 청년들이 콩서리를 한다고 갱변에 모여, 큰 돌을 얼기설기 쌓아놓고 사이사이에 짱돌을 수북하게 모아서 불을 지핀다. 열을 받은 돌에다 풋콩을 올리면 푸시시푸시시 소리를 내면서 수분을 쏘아 올린다. 동네 청년들은 빠른 동작으로 주위에 풀이나 나무 이파리 가지를 잘라서 돌무덤을 만든다.

그렇게 한 시간이 지나도록 나름 청년들은 회의를 하면서 시간을 보냈다. 당시 농촌에 새마을 운동이 활발하던 시기였기에 젊은 사람들은 모두 회원으로 활동했다. 서로 말을 하려고 다투듯이 토의를 하노라면 가끔은 작은 말다툼이 일어나기도 했었다. 어린아이들이 바라보기에 무서운 생각이 들었다. 그래도 풋콩은 익어가고 있었다. 조금 전 언성으로 상했던 마음도 푹 익어 나오는 콩서리 한 줌에 어른, 아이 할 것 없이 행복해했었다. 그 장소에 있는 사람에게 골고루 나누어 주는 인심이 푸짐한 것 또한 고향 인심이었다. 그렇게 고향 사람들은 돌 하나까지 소중하게 사용하였다.

몇 년 전 어느 날, 지인들과 거제도 학동 배 선착장에 갔다가 몽돌 해수욕장에 들른 적이 있었다. 그때는 늦은 봄이라 한창 나들이 철이었다. 그곳의 돌들은 까만색이며 모두 동글동글한 게 아기 엉덩이처럼 부드러웠다.

안내판에는 '돌 하나라도 가져가지 마시오. 몰래 가져가다 적발되면 벌금이 있어요.'라는 팻말이 적혀있었다. 내가 어릴 적 우리 동네 갱변 물살에 깎인 몽돌은 색깔이 여러 가지인데 해수욕장 돌들은 모두 검은색이며 반들반들했다. 그래서 이 돌들은 좋은 대접을 받는구나 하는 생각이 들었다. 우리 동네 갱변에 쌓여 있는 짱돌은 누가 가져가든, 누가 굽든, 깨든 불만이 없었다. 아무도 특별 대접을 해주지 않고 그냥 친구처럼 지냈다. 하지만 불만 하나 없이 서로 친구가 되어 살아왔다.

동네 아이들이 던지고 놀든 말든, 어른들이 여기저기 필요한 곳에 사용해도 묵묵히 자기 몸을 선뜻 내 주었다. 일 년에 한 번씩 가을이면 김장김치 항아리 속에 들어있던 짱돌은 우리 어머니의 손 세수를 받는 수준이었다.

돌 하나라도 소중하게 여기며 관리하시던 고향의 내 어머니는 먼 하늘나라로 떠나셨지만, 고향 집 장독대 언저리에 어머니 손때가 묻은 짱돌은 아직 항아리 옆에 쪼그리고 앉아있다. 가끔 고향 집에 가면 짱돌을 버릴까 생각을 하다가도 어머니가 오래 쓰시던 물건 중의 하나라서 아직도 못 버리고 그 자리에 두었다. 장돌은 늘 손님을 기다리고 있다. 누가 저 짱돌을 사용할 고운 손님이 될까, 생각해보니 어머니 안 계신 고향 집에 앞으로 주인을 찾기는 어려울 것 같다. 수년간 장마에 얼굴 씻기고, 삼복더위 땡볕에 소독하고 하염없이 주인을 기다리고 있는 짱돌의 이마가 어머니를 닮아 있다.

* 짱돌 : 큰 자갈돌
* 갱변 : 강변의 방언

토렴

나는 나이 11살에 이별을 처음 경험했다. 나이 든 처녀가 있는 집에는 이웃 어른들이 '국수 언제 먹나?'라고 하시는 말씀이 인사였을 적의 일이다.

가을이 서서히 힘이 빠지는 11월 초, 바쁜 추수철이 마무리되는 시간이지만 우리 아버지, 어머니, 할머니까지 몸과 마음이 몹시 분주했다. 왜냐하면 나와 13살 터울 진, 언니의 초례를 준비하기 위해서다. 당시 흔한 맞선도 안 보고 언니는 아버지가 정해준 사람을 남편으로 맞이했다. 먼 친척의 소개로 아버지가 결정한 혼사였다. 아무런 불만 없이 시집가는 언니가 매우 불쌍해 보였다. 내가 서운한 점은 온전히 언니와 헤어진다는 것이었다. 어릴 때는 산골동네에서 언니, 오빠가 있다는 게 무척이나 큰 자랑이자 무기였다.

초례 전날부터 동네 사람들이 분주해졌다. 우리 집 마당에 차일을 치고 동네 공동으로 사용하는 그릇과 개다리소반이 옮겨졌다. 놋그릇도 함께 준비되었다. 우리 동네는 당시에 결혼이나 초상初喪이 들면 모두 집에서 치르는 풍속이 있었다. 동네 두레 물품으로 커다란 병풍, 차일, 상여, 소반과 놋그릇이 있었다. 그리고 당시 우리 동네잔치 전날 주민의 부조는 감주나 묵, 탁주, 떡, 과일 등과 같이 돈이 아닌 정성으로 도와주었다. 보릿고개 시절이고 산골에서 돈이 귀하기 때문일 거라는 생각이 들었다.

드디어 국수 먹는 초례 날이 밝았다. 우리 집 앞마당에 대례상이 차려졌다. 커다란 독좌상* 위 촛대 한 쌍에 불을 밝히고 대추, 밤, 멥쌀 등을 마련해 놓았다. 날개를 청, 홍의 끈으로 묶어 수탉은 동쪽에 암탉은 서쪽에 올려놓았다. 영원히 변치 말라는 나무 기러기 한 쌍이 청백의 고운 보자기에 싸여서 앉았다. 독좌상 앞에 소반을 놓고 청실, 홍실을 휘감은 술 주전자와 잔을 놓았다.

그렇게 교배례*와 합근례*가 진행되어 가면 부엌 앞마당의 집안 아낙들은 가마솥에 국수를 삶아 내고 있었다. 펄펄 끓는 물에 국수를 먼저 삶아서 찬물에 잘 헹구어 싸리나무 채반에 국수사리를 만들어 준비하는 과정이 일사천리로 진행되었다. 한꺼번에 많은 양을 삶을 수 없으니 초례가 진행되는 시간에 준비해 놓아야 했다. 동시에 한쪽에는 다시마, 멸치, 무, 대파, 마른 새우, 버섯, 양파, 진한 육수의 진액을 우려내어 토렴*의 재료를 마련하고 있었다.

초례가 끝나면 국수 먹는 피로연이 시작되는 산골의 잔칫날 모습이 펼쳐진다. 개다리소반마다 두 사람씩 겸상을 한 상 위에 갖은 양념을 가미한 양념장이 종지에 담기고, 깍두기 한 접시, 배추김치 한 접시, 떡 한 접시, 갖가지 전들이 한 접시, 그리고 커다란 놋그릇에 국수사리를 담아 뜨거운 육수에 두어 번 토렴을 하고 나서 육수를 붓고, 고명으로 계란 지단, 당근 채, 버섯 채, 얼갈이배추 무침, 김구이, 김장김치 채 썰어 올려놓으면 잔치국수상이 완성되어 동네 주민, 하객들 입맛과 허기짐을 채워주었다. 보통 남자들은 사리를 한 번씩 더 넣어먹었다. 그러기에 상마다 국수사리 한 접시는 덤으로 놓였다. 점잖은 어르신이 다시 사리를 요청하는 번거로움을 덜어주기 위해서다. 부엌에서 일하시던 아낙네들의 지혜였다.

　이런 모습은 우리 동네의 익숙한 풍경이었다. 지금은 이 모습을 고향에서 보기가 어려워졌다. 결혼식은 모두 식장에서 하기도 하지만 젊은이가 산골에 별로 없다. 어느 때부터인가 고향 동네 당산집이 없어지고 상엿집도 없어지고 동네 공동 그릇과 차일과 병풍이 없어졌다. 나는 궁금해서 마을 회관 어른들께 여쭈어보니 고물장수에게 다 팔았다고 하셨다. 왜냐하면 결혼도 읍 예식장에서 하고, 장례식도 병원 장례식장에서 치르니 이제 더 이상 필요 없기 때문에 처분해 버렸다고 했다. 내 어릴 때 꿈에서 나타날까 봐 무서워했던 꽃상여, 어느 날 진주 인사동 고물 수집가게에서 만났다. 보는 순간에도 예전 동네에서 보았던 섬뜩하던 그 생각이 떠올랐다. 인사동 골목에서 만난 옛 추억은 잔치국수 토렴해 주시던 아낙네의 손길만 없고 모두 모여 있었다. 광목 차일부터 놋그릇과 개다리소반, 변색된 병풍까지 1960년대의 고향 그대로를 자리만 옮겨 놓은 느낌이 들었다.

　내 유년은 아리고 아픈 추억으로 아른거린다. 나는 '젊어서 고생은 돈 주고 산다고 한다.'는 말을 싫어한다. 산골에서 살아보지 않은 사람들의 넉넉한 푸념이다. 늦여름 저녁은 우리 어머니의 단골 메뉴 국수, 아버지가 유난하게 좋아하시는 국수다.

　'국수 좋아하면 가난하게 산다.' 매일 국수를 끓이는 수고로움 때문에 어머니는 늘 불만이었다. 나는 이 말을 머릿속에 저장시켰다. 그 이후 국수를 잘 먹지 않았다. 나는 꼭 부자로 살고 싶고 내 자식에게 가난을 물려주기 싫었다. 저녁마다 식은 밥을 먹어도 국수는 절대 안 먹었다. 지금까지 습관이 되어버렸다. 요즘은 잔칫날에 뷔페가 잔칫상을 만들고 있는 게 대세이다 보니, 음식의 가짓수는 많아도 깔끔한 잔치국수 한 그릇만 못한 곳도 있다. 나의 유년 우리 동네는 잔치 끝나고 수고한 손길들에게 서운하지 않도록 이것저것 한지에 한 봉지씩 싸서 돌려보내던 인심을 이제 찾아볼 길이 없다. 내가 먹어본 잔치국수 중, 우리 언니 시집가던 날 동네 아주머니가 토렴해 주신 국수가 최고로 맛있었다. 그 국수 맛에 언니와 헤어지는 서러움도 깜박 잊고 있었다.

　인사동 한 바퀴 돌아 나온 허기짐이 나를 전통시장으로 발길을 안내해 주었다. 기다란 나무의자가 나를 유혹하는 국숫집으로 들어갔다. 양은솥에 육수가 펄펄 끓고 있었다. 순간 나는 '아주머니 잔치국수 한 그릇 말아주세요.' 하였다. 코끝을 자극하는 육수 냄새에 50년 넘어선 시간을 잡아 앉혔다. 뚝딱! 잔치국수 한 그릇이 나왔다. 계란 지단, 당근 채, 애호박 채, 숙주나물, 김 별로 달라진 것이 없는 고명이지만 장소가 다르니 분위기와 맛이 같을 수는 없었다.

하지만 변하지 않은 모습이 하나 있었다. 국수를 삶아 찬물에 헹구어 다시 육수에 토렴하는 모습은 옛날 그대로였다. 국수를 먹는 동안 어린 시절로 돌아가 그리움을 후루룩 먹는 느낌도 만날 수 있었다.

'아주머니 손맛이 좋아요. 맛있게 잘 먹었습니다.' 진심으로 감사의 인사를 드렸다. 언니 초례 날, 어머니 눈에서 흐르던 눈물이 국수 가락보다 많았다. 마지막 국물까지 들이마시고 나니, 오늘따라 젊었던 어머니와 언니가 무척 보고 싶다.

* 독좌상 : 전통 혼례에서, 신랑과 신부가 서로 절을 할 때에 차려놓는 음식상
* 교배례 : 전통 혼례식에서, 초례상 앞에서 신랑과 신부가 절을 주고받는 절차
* 합근례 : 전통 결혼식의 대례大禮에서 잔을 주고 받는 절차
* 토렴 : 밥이나 국수 따위에 따뜻한 국물을 부었다 따랐다 하며 데움

도토리묵 한 접시

올케가 보낸 택배 상자를 열어보았다. 등산길에서 주웠다는 도토리가 담겨 있었다. 도시 아파트에서 가루를 만들어 묵을 만드는 과정이 불편하다는 걸 알고 내가 취미로 농사짓는 농막은 주택처럼 넓고 편하다는 이유로 나에게 보내주었다.

도토리묵은 어릴 적 어머니가 자주 만들어 주시던 구황식품 중 으뜸이었다. 어머니께서 살아 계실 적, 원망과 안타까움이 반반씩 섞여있는 도토리묵 사건을 자주 말씀하셨다. 어머니는 식량이 귀하던 시절 산에서 도토리를 많이 주워 디딜방앗간에 손수 찧어서 가루를 만들었다. 삼베자루에 담아 주물러 고운 녹말가루만 우물물로 우려내면 도토리의 검붉은 색상과 떫은맛을 헹구어내어 양질의 도토리묵 재료로 쓸 수 있었다.

어머니는 아침나절 도토리 가루 대여섯 대접으로 묵을 쑤었다. 나무 함지박에 담아 시원한 뒤란에 두고 어머니는 밭으로 일을 나갔다. 점심에 양념장 만들어 가족을 먹이겠다는 뿌듯한 마음으로 일을 끝내고 집에 도착했다. 어머니는 먼저 뒤란의 도토리묵 함지박부터 찾았다. 그런데 어머니는 땅에 털썩 주저앉아 울기 시작했다. 도토리묵 함지박이 텅 비어 있기 때문이었다.

어머니는 급히 할머니를 찾고 우리 형제를 찾았다. 이게 어떻게 된 일이냐고. 우리는 아무것도 모르고 있었다. 할머니 말씀에 아버지가 칼을 찾고 양푼을 찾은 적이 있었다고 말씀하셨다. 바로 눈치로 알아채신 어머니는 단걸음에 동네 회관을 찾았다. 이미 아버지가 가지고 간 도토리묵으로 온 동네 사람들이 마지막 입맛을 훔치고 있었다. 집성촌 어른들 앞에서 아무 말도 못 하고 돌아서는 어머니 눈은 눈물이 포도송이처럼 매달렸다.

저녁이 다 되어 집으로 돌아오신 아버지, 어머니한테 미안하다는 말도 없이 그냥 대수롭지 않은 듯 빨리 저녁이나 차리라는 명령조의 주문을 했다. 어머니는 어이없다는 듯 아버지를 뚫어지게 쳐다보는 게 불만의 표시였다. 저녁 식사 후 어머니가 아버지를 향해서 한마디 뱉어냈다. 도토리묵을 만들려면 얼마나 많은 손이 가는 줄 아느냐고, 가족은 맛도 안 보았는데, 어머니는 할머니 힘만 믿고 한 소리 했다. 아버지의 대답은 마을 사람들과 서로 대화를 나누던 말끝에 우연하게 도토리묵을 쑤었다고 말했더니 동네 어른들이 가져와서 맛 좀 보자라고 했단다. 애써 어머니가 만들어 놓은 도토리묵은 몽땅 동네 사람들이 먹었다는 말로 끝을 맺었다. 어린 내가 보아도 아버지를 원망할 참이었다. 그럼 우리 가족은 무얼 먹냐, 질문하고 싶었지만 서슬 퍼런 아버지를 이길 사람은 아무도 없어서 도토리묵 사건은 묻혀버렸다.

하지만, 어머니의 원망은 오래도록 이어졌다. 나는 오래전 산길에서 알사탕만 한 도토리를 주웠다. 방앗간에 가서 가루를 만들어 고향 집 어머니께 보냈다. 어머니는 택배를 받는 순간 전화로 고맙다는 인사를 수도 없이 하시더니, 결국 아버지의 도토리묵 사건을 다시 떠올리면서 아버지 원망을 속사포처럼 쏟아 놓으셨다. 내가 자라면서 들은 것만도 수십 번은 들었지만 오늘 다시 옛날의 사건을 떠올렸다. 도토리묵 한 접시 잡수시라고 보내드린 일인데, 어머니의 한 서린 배고픔과 어렵던 시절을 되새김하게 된 것 같아 마음이 아팠다. 그 날 이후로 나는 도토리를 줍지 않았다.

올케가 보낸 도토리를 손질하면서, 어머니와 아버지를 소환해서 떫은맛이 도는 한 시절을 그려보았다. 100% 국산 도토리는 찾기 힘들다고 하는 요즘, 한 톨 한 톨 허리 굽혀 주워서 보낸 정성을 귀하게 여기며 녹말가루만 모았다. 생각했던 것보다 양이 적은 것 같아 올케한테 미안한 생각도 들었다. 늦은 가을 남동생 부부가 김장을 함께하자며 내 텃밭에 도착했다. 나는 하루 전에 미리 묵을 쑤어 놓았다.

커다란 접시에 도토리묵 한 접시 담아내니 모두 입이 벙글어졌다. 이 도토리묵 한 접시에 많은 손길이 간다는 걸 모두 알고 있기 때문이었다. 올케는 본인 손길이 닿았다는 뿌듯함을 얼굴빛으로 내비쳤다. 남편과 나에게 도토리 줍던 장소와 택배로 부칠 때까지 어려움을 설명했다. 하지만, 형님이 더 고생했다는 말을 전하면서 두 젓가락에 잡혀 찰랑거리는 도토리묵 한 점을 예술작품처럼 바라보면서 먹기 아깝다는 말도 연신했다.

처음 만드는 경험이라고 즐거워하는 모습에, 오랜전 고향 집 무쇠솥에 장작불을 후후 불면서 눈물까지 주렁주렁 매달고 가족을 위해 묵 쑤시던 어머니 얼굴이 떠올랐다. 내 머릿속 한 부분에 고향 집 도토리묵 한 접시가 두레상에 차려져 있었다.

박탁* 餺飥

　어린 쑥 모깃불이 푸른 연기를 내뿜으며 행위예술을 하는 고향 집 앞마당, 멍석을 방석 삼아 온 가족이 초여름 저녁상을 받는다. 그릇마다 붉은 구름 한 송이씩 만난다. 먹을거리 풍성한 오늘날 성인병의 주범이라는 누명을 쓴 밀가루 음식은 모두가 기피하는 현실이다. 유기농 통곡물을 선호하는 요즘, 예전 쫄깃쫄깃한 그 식감을 지금 젊은이들은 알 리가 없다. 보릿고개 시절 만난 수제빗국은 맛 또한 일품이었다.
　요즘 유명한 요리사도 우리 어머니 그 손맛을 능가하기가 쉽지 않을 것이다. 초여름 농사일로 바쁜 어머니는 식사 준비에 큰 부담을 가졌다. 낮에 논과 밭의 일은 남들과 똑같이 하면서 하루 세끼 가족 식사를 마련해야 하는 주부 역할도 해야 하기 때문에 그 고충은 이루 말할 수 없을 정도였다.
　논보다 밭이 많은 우리 집은 일손이 많이 필요하기도 하지만 시간도 절약할 겸 모자라는 양식糧食도 좀 아낄 겸, 어머니는 농번기가 되면 자주 수제빗국을 끓였다.

  어른 손가락 크기의 멸치를 넣고 푹 우려낸 국물에 자주감자 듬성듬성 썰어 넣고 애호박 채와 텃밭 대파로 감칠맛을 돋운다. 팔팔 끓는 국물에 오늘의 주인공 붉은 반죽을 떼서 넣는다. 할아버지께서 심어놓은 앵두나무는 옆집 돌담에 걸터앉아서 무거운 팔을 늘어뜨리고 튼실하게 열매가 익었다. 앵두 알의 투명함이 갓 잡아온 어판장 생선눈알처럼 다 들여다보일 정도로 붉고 맑다. 어머니가 급하게 한 줌 훑은 앵두는 손바닥에서 붉은 눈물을 쏟는다. 삼베 포에 주무른 앵두즙을 쏟아 넣으면 표백이 되지 않은 유기농 밀가루반죽이 수줍음 많이 타는 산골처녀 볼처럼 발그스레하다.

  철없는 어린 동생들은 미술시간인 줄 착각하며 반죽 한 줌씩 떼어서 온갖 동물형상을 만들었다. 옆에서 빙그레 웃고 있는 어머니께서는 싸우지 말고 만들라는 부탁과 함께 반드시 자기가 만든 것들 잊지 말고 찾아서 먹으란다. 서로 잘 만들 거라고 야단법석을 피운다. 떼어낸 밀가루반죽 덩어리에 묻어나는 흰 가루로 얼굴마다 조금씩 분칠을 하고 마주 보는 얼굴을 거울삼아 서로 바라보며 박장대소를 한다. 자기 얼굴은 볼 수 없으니 웃을 수밖에 없다. 양쪽을 볼 수 있는 어머니는 웃을 수가 없어 눈에 티가 들어갔다며 눈웃음을 훔친다.

  한참 시간이 지나면 옹가지에 고지박 바가지로 퍼 담아온 수제빗국 두레상 옆에 자리 잡는다. 개다리상에 할머니와 아버지가 겸상을 하면 우리 형제는 두레상에 빙 둘러앉는다. 누가 먼저라 할 것 없이 손수 만들어 놓았던 동물농장이 문을 연다. 재잘대는 형제들 소리에 할머니가 웃는다. 손자 손녀 보기만 해도 배가 부르다 하시며 할머니 그릇에 담긴 수제비를 조금씩 덜어내어 나누어 주기도 했다. 그 또한 경쟁이 심하여 할머니 그릇은 비워지기 일쑤였다. 그때 큰댁 아주머니 잠시 방문을 했다.

"아지매요 오늘 저녁 수제빗국이네."

"저녁 전이면 같이 한술 뜨시게."

할머니 말씀이 끝나기 무섭게 어머니는 얼른 한 그릇 퍼 상에 올리며 '같이 앉아 한 수저 뜹시다. 혼자 계시는데 아무 곳에서 한 수저 뜨면 저녁이지.' 하면 못 이기는 척 주저앉은 큰댁 아주머니는 '아이고 맛나네, 요건 어째서 색깔이 붉은가?' 한 수저 뜬 숟가락 위에 놓인 수제비를 바라보며 묻는다.

"앵두가 익어서 즙을 내어 반죽했는데 드실 만합니까?"

되묻는 어머니 질문 속에 대답을 얻고도 소리 없는 웃음만 연신 피운다. 그렇게 초여름 날 저녁은 수제빗국으로 행복한 그림을 그렸다.

멍석 들머리에 앉았던 형제들, 지금 생각해보면 참으로 정겨운 모습이다. 이제 다시는 재현할 수가 없다. 어머니 하늘나라 떠나고, 흰머리를 덮어쓴 동생들을 떠올리면 아린 추억으로 다가왔다가 아픈 그리움으로 머문다.

* 박탁 : 밀가루를 반죽하여 장국에 적당한 크기로 떼어 넣어 익힌 음식

방짜

　산골 고향 집 부엌에 할머니, 어머니가 쓰시던 놋그릇이 지금도 찬장 깊숙이 조용히 졸고 있다. 할머니 계실 때부터 사용하신 그릇이다. 집안에 기제사와 명절 차례가 있는 날이면 하루 전 고운 볏짚 재를 이용해서 어머니는 명경보다 맑게 닦아 놓았다. 옥시기, 대접, 편대, 촛대, 수저까지 준비하는 과정은 지금처럼 고무장갑도 없던 시절 오롯이 맨손으로 닦았다. 겨울이면 손이 트고 손끝이 갈라지기도 했다. 우리 어머니 정지(부엌)에서 무쇠솥에 밥을 지을 때, 밥솥 눈물에 손끝을 지지는 그 모습을 많이도 보았다. 지금 생각하니 너무 가슴 아프다. 나는 '어머니 안 뜨거워요?'라고 여쭈었더니 우리 어머니 '괜찮아, 그래도 터진 손끝보다 뜨거운 물에 살짝 지지면 덜 아프지.'라고 하시던 말씀이 생생하게 기억난다. 나는 어머니께서 그렇게 하는 것이 약인 줄만 알았다. 어린 나는 얼마나 아픈지 짐작도 못 했고, 의사나 약국이 없는 산골의 환경을 탓해 본 적도 없었다.

　어머니 튼 손을 보호할 수 있는 것이 없다는 게 너무 가슴 아팠다. 물질은 부족하고 할 일은 너무 많던 시절에 살다 가신 어머니! 사기그릇은 평소에 많이 사용하고 제사에는 반드시 유기그릇을 사용하던 습관은 어머니 돌아가시기 전까지 계속되었다. 얼마간 시간이 지나 가벼운 스테인리스 그릇이 나왔지만 어머니는 '이 그릇은 양반답지 못하다. 양반은 얼어 죽어도 곁불은 안 쬔다. 제사에는 못 쓴다.'라고 말씀을 하셨다. 때문에 몸 고생을 더 많이 하신 어머니, 정작 어머니 돌아가시고 제사상에는 한 번도 유기그릇과 제기를 못 올렸다. 변하는 시대에 맞추어 동생 집에 제기는 나무로 변했다. 요즘 명절 앞에 홈쇼핑에서 유명하다고 나무 제기를 선전하는 것을 보면 고향 집 놋그릇 제기가 떠오른다.

　아이러니하게도 요즘의 유기그릇은 아주 품위 있고, 고급스러운 식당에서 대접받는 그릇으로 변모했다. 밥 먹는 사람까지 빛 고운 아우라가 식욕을 돋우어준다. 밥 먹기 전, 눈으로 한번 대접을 받고 맛으로 마무리한다. 유해한 세균까지 잡아 주고 소량의 미네랄까지 제공한다며 화려한 광고 속에 그 건강성을 강조하고 있다. 뜨거운 음식은 더 따뜻하게, 시원한 음식은 더 차갑게 유지시킨다고 놋그릇의 기능과 품위를 한껏 선전하고 있다.

　유기그릇은 제작 기법에 따라 방짜유기, 주물유기, 반 방짜로 나눈다고 하지만, 유기장이 멋내기에 따라 공예품에 가깝도록 작품화되어간다. 하지만 바쁜 현대인에게 편리하게 사용되는 그릇은 아니다. 일상생활에 사용 중 그릇의 무게를 배제할 수 없지만 보관상 그릇의 색깔이 자주 변한다. 물론 그 기능이 식중독균을 없애고 독을 구별하는 역할을 한다고 하지만 그리 손쉽게 사용하지 못한다. 조금의 불편함을 이겨내고 사용할 때 얻어지는 보람도 분명 있을 것이다.

유기 방짜는 예전 사람들의 혼수에 반드시 구비 품목에 들어갔다고 한다. 임금님의 수라상에 방짜유기그릇을 사용했다고 하니 귀한 그릇임에는 확실한 것 같다. 그쯤 되니 우리 어머니 애지중지하시던 마음을 헤아릴 수 있을 것 같다.

우연한 기회에 서울에서 찾아온 친구랑 우리 동네 고가구, 고문서 고물상에 찾아갔다. 순간 놀라지 않을 수 없었다. 그곳에는 내 어릴 적 시간들이 쪼그리고 모여앉아 조잘대는 소리가 환청처럼 들려왔다. 할머니의 놋화로, 놋요강, 그리고 어머니의 세숫대야, 제기까지 다 있었다. 심지어 구정 지나 동네 젊은이가 지신밟기에 사용하던 징, 꽹과리까지 자기 목소리를 죽이고 생명을 불어넣어줄 주인을 기다리고 있었다.

반가움보다 처연함이 밀려왔다. 내 어머니의 고생 덩어리들이 다 모여 있었기 때문이다. 저 물건들이 우리 어머니 한평생을 송두리째 갉아먹은 도둑들이다. 저 도둑에게 우리 어머니 생애가 저당 잡혀서 손끝에 물 마를 날이 없었다는 걸 생각하니 귀한 그릇에 대한 경외

감보다 마음 한편이 저려왔다.
 '매질해야 탄생하는 핸드메이드, 맞아야 웃어주는 얼굴 방짜!'
 오늘날의 대장장이는 무형문화재란 이름표를 달고 매질하는 수만큼 단단한 유기 방짜로 거듭 태어난다. 어머니 손끝이 터지던 시절과 너무 먼 거리에서 마주 섰다. 그 무엇이 이토록 맞고서도 아름다운 모습으로 거듭 태어날 수 있을까? 지그시 눈을 감고 어머니를 떠올려 본다.

송기 松肌

 산골이 고향인 나는 송기의 맛을 잘 알고 있다. 송홧가루 날리고 봄이 무르익을 무렵, 산길을 따라 하굣길에 배고픔과 입 마름을 해결해 주고 침샘을 자극한 것이 송기였다. 이산 저산 가득 핀 진달래꽃이 지고, 꽃 진 자리마다 새순이 연두색 입술을 내밀면 겨울 동안 잠자던 나무들은 푸른 혈관을 뽐내며 살아 있음을 증명이라도 하듯 온몸을 꿈틀대고 있다.

 초등학교 하교할 때 자갈길과 황톳길을 걸어 산 고갯길을 넘어설 무렵, 아무도 시키지 않았는데 남자아이들이 산 비알로 달렸다. 물오른 소나무들이 줄지어 서 있는 쪽으로 가 다투어 소나무를 골랐다. 한 해 지난 소나무의 새 가지의 송기가 가장 맛있었다. 송기를 채취하는 날은 어린 나이인데도 친구들끼리 친소 관계가 분명히 나뉘곤 했다. 사는 집이 이웃이거나 아니면 일가친척이거나, 이래저래 줄 세우는 순서를 어린아이답지 않게 그 비법을 알고 있었다. 그날도 무척 더운 날씨에 십 리 길 하굣길은 어김없이 비알로 달음박질 치는 친구가 있었다. 친구는 물오른 송기를 꺾으려는 속셈이었다. 그때마다 키 작고 여린 여자아이들은 길섶에 쭈그리고 앉아서 남자 아이들을 기다려 주는 게 마치 인심 쓰듯 하는 마음으로 기다려 주곤 했다. 나도 키가 작아서 항상 기다리는 편이었다.

한참을 기다리자 몇 명의 친구들이 송기 한 아름씩 안고 도착했다. 기다린 친구들에게도 똑같이 나누는 마음은 농촌 아이들의 순박함 그대로였다. 보통 송기 2~3개 정도씩 골고루 나누어 주었다. 서로 마주 보면서 푸른 솔을 뜯어내고 필통 속에 있는 연필 깎는 칼을 꺼내서 껍질을 얇게 벗겼다. 이 모습까지는 모두 다 알려주지 않아도 곧잘 했다. 약 30센티 길이의 송기는 양손으로 끝부분을 잡고 하모니카 불듯, 아랫니와 윗니에 걸고 오른쪽 왼쪽 입술까지 다물면, 봄의 소나무 물오름이 입속에 시원하고 달콤하게 퍼졌다. 아까워서 집에 가져가는 아이도 있고, 게 눈 감추듯 송기 물을 빨아 먹어 치우는 아이도 있었다.

그날은 송기를 채취해 먹느라 시간을 지체하여 서둘러 집을 향해 뛰기 시작할 때였다. 때마침, 산에서 내려오던 무서운 저승사자를 만났다. 다름 아닌 산주山主를 만난 것이다.

'이놈들 오늘 제대로 잡았다.'며 해마다 새순이 나올 때 송기를 꺾으면 소나무가 곧게 자라지 못한다고, 엄한 목소리와 험한 얼굴로 겁을 잔뜩 주었던 터다. 우리는 무릎을 꿇고 앉아서 두 손을 모아 싹싹 빌기 시작했다. 다시는 송기 꺾지 않을 테니 용서해 달라고 애원을 했다. 너희 학교에 가서 선생님께 말씀드린다며 겁도 주고, 부모님께 알린다는 공갈포를 날리고 있었다. 얼마나 무서웠던지 친구들은 서로 자기가 하지 않았다는 거짓말도 하면서 서로 발뺌을 해댔다.

 그 상황에 구세주가 등장했다. 아랫마을 사는 아제의 얼굴이 보였다. 나는 질주하듯 쫓아가 '아제 안녕하세요.' 하며 꾸벅 인사를 했다. 이 상황을 모르는 아제는 웃는 낯으로 '그래 집으로 가는 길이구나. 조심해서 들어가라.'고 하셨다. 아제는 저승사자 일가의 큰형님이셨다. 내가 인사하는 모습도 보고 아제의 말씀도 듣고 있던 저승사자는 드디어 입을 열었다. 아이들이 산에 곧은 소나무만 골라서 꺾어 송기로 벅어서 소나무가 곧게 못 자라는 나무가 많다며 이놈들 혼을 내야 한다는 둥, 지서에 고발을 해야 한다는 둥 혼자 큰 목소리로 아제한테 보고하는 중이었다. 아제는 빙그레 웃으시며 한마디 하셨다.

 아무리 우리 문중 산이라지만, 아이들이 목말라서 송기 몇 개 꺾었다고 지서에 가야 하나 하시면서 아제는 나에게 눈짓으로 빨리 가라고 했다. 아이고, 모르겠다. 아제만 믿고 친구들과 죽자고 뛰었다. 산마루에 올라 내려다보니 두 분은 나란히 걷고 있었다.

 한숨 돌린 친구들이 나를 향해서 눈짓으로 '오늘 아제를 못 만났으면 지서 잡혀 갔거나, 아니면 부모님한테 혼쭐났겠다. 아이고, 생각만 해도 무섭다.'라는 표정과 함께 모두 안도의 숨을 쉬었다. 누가 먼저라고 말하지 않아도 손에 쥐고 있던 제일 좋은 송기마저 버렸다. 가는 길에 만약 또 다른 산주를 만나면 이제 아제도 없으니 꼼짝없이 잡혀간다는 것을 서로 눈치로 주고받았다. 마지막까지 아끼며 들고 왔던 송기는 마른 가지가 되어가고 있었다. 친구들은 뭐, 아까울 게 있냐는 마음으로 벼랑 아래로 훅훅 던져버렸다. 그렇게 어린 날의 송기는 나에게 단물만큼이나 큰 무서움을 주기도 했다.

그 시절엔 보릿고개도 있였다. 어머니는 산나물을 채취하는 날이 많았다. 산나물은 구황 양식으로 한몫했다. 두릅, 취나물, 미역취, 참나물, 더덕, 부족한 양식을 보태려고 자주 나물밥을 지어먹었다. 물이 팔팔 끓으면 살짝 데치고 찬물에 헹구어 쌀과 보리를 섞은 밥솥에 넣어 들기름 살짝 뿌리고 밥을 지었다. 그 시절 나물밥은 참으로 맛있었다.

어머니 나물 보따리는 무겁지만 자식들 먹이겠다고, 송기도 몇 개씩 꺾어 무거운 나물보따리 속에 넣어 머리에 이고 나르셨다. 배고프고 힘든 삶을 살고 가신 어머니, 소나무에 물오를 이맘때쯤이면 고생보따리 속의 송기가 그리워진다. 올봄도 어머니 안 계신 고향 산천에 송기가 쭉쭉 그리움처럼 자라고 있을 것이다.

조청 한 사발

　가래떡과 찰떡궁합이다. 추운 날씨도 못 말리는 호기심이 발동했다. 텃밭에 가을무가 튼실하기에 무엇인가 한번 만들고 싶어졌다. 어릴 적 어머니가 설날에 꼭 만드시던 조청을 만들어 보려고 겁 없이 도전했다. 민간요법에 의하면 기침, 가래 잡는 데 무조청이 좋다는 이야기를 전해 들은 바가 있어서 이때다 싶어 무조청을 만들어 보기로 했다.

　그날따라 날씨는 꽤 추웠다. 엿기름은 동네 마트에서 구입해 두었다. 남편은 작년에 텃밭 가장자리에 아궁이를 크게 만들고 커다란 솥을 걸어주었다. 밭에서 나오는 곡식 그루터기나 매화나무를 해마다 전지를 하면 꽤 많은 땔감을 얻을 수 있었기 때문이다. 연료를 절감하고 텃밭을 깨끗하게 청소도 할 수 있었다. 조심해서 불을 지폈다. 때마침 동네 산불 지킴이가 지나가다가 들어오시더니 '조심하세요.'라는 말과 함께 주위를 돌아보고는 웃어주었다. 나는 미리 물 초

롱에 물을 가득 채워 두 개를 준비하고 커다란 함지박에다 물을 가득 담아 솥 옆에 두었다. 산불 감시원은 '준비성이 완벽하시니 마지막에 정리만 잘하고 가세요.' 이런 당부를 남기고 떠났다.

첫째로 무를 깨끗하게 씻어서 솥에 넣고 생수는 조금만 넣었다. 무는 채소로서써 삶는 과정에서 물이 많이 생기는 이유이기도 했다. 바짝 마른 그루터기들은 화력을 돋우며 활활 탔다. 밖에서 태우는 나무의 불기둥과 불 혓바닥은 놀라울 정도로 사나웠다. 한 시간 정도 나무를 태워 무를 푹 삶아 놓았다. 다음은 미지근한 물에 엿기름을 빨아서 찌꺼기가 가라앉도록 기다렸다. 그 사이 삶은 무를 고운 체로 물만 받았다. 전기밥솥에 찹쌀밥이 완성되어 기다리고 있었다. 뜨거운 밥과 무 삶은 물과 엿기름과 잘 혼합이 되도록 섞어 솥에 담아놓았다. 그리고 이동식 가스레인지에 아주 작은 불꽃을 선택하여 솥을 올려놓았다.

여기까지는 식혜 만드는 과정과 똑같았다. 약 6시간이 지나니 따뜻한 솥 안에 삭힌 밥알이 동동 떠올라 보기만 해도 기분이 좋았다.

난관은 이제부터라는 생각이 들었다. 커다란 스테인리스 통에 채반을 올려놓고 준비해 놓은 면 자루에 쏟아부었다. 좌르르좌르르 물 빠지는 소리가, 이 과정까지 성공했다는 마음에서 마치 음악처럼 들렸다. 정리된 물만 다시 큰 솥에 넣어서 불을 피웠다. 일 년 동안 텃밭에서 나온 나무 그루터기와 온갖 꽃나무 그루터기까지 불의 재료가 되어주었다. 한참 동안 불을 피우니 그때부터 조청의 재료가 끓기 시작했다. 아무런 내용물이 없다. 그냥 무 삶은 물을 삭혀서 끓이는 것 외에는 아무것도 없다. 계속 끓여야만 했다. 한 시간 두 시간 아궁이 앞에는 화력이 센 탓에 추위를 전혀 느끼지 못했다. 과연 이게 조청이 될까. 처음 도전하는 과정이라 걱정 반 고민 반이었다. 내가 어릴 적 설 명절 앞에 어머니가 만드시는 모습만 본 적이 있다. 그 순간을 떠올리며 과정을 재현하고 있었다. 요즘 인터넷에서 자료를 찾기도 했지만 경험은 처음이다. 시간은 계속 흐르고 나는 불과의 싸움이 계속되었다. 약 5시간 동안 불을 지피고 드디어 끈적끈적한 내용물이 눈에 들어오기 시작했다. 국자로 떠서 숟가락으로 혀끝에 맛을 보니 기적 같은 일이 일어났다. 나의 어머니가 해주시던 그 조청 맛이었다. 순간, 나는 소리를 질렀다. '성공이다 대성공이다.'라고 흥분하고 있을 때 또한 실망도 눈앞에 펼쳐졌다. 많은 시간을 들여 고고, 그 많던 무를 삶았는데 한 사발 정도의 조청만 큰 솥 바닥에 남아 있었던 것이다.

  이건, 노동의 대가도 안 되고 엿기름 값과 무 값에 비해 말이 안 되는 성과였다. 꼭두새벽부터 늦은 저녁까지 연료비는 제외하고도 가성비가 안 되었다. 그렇다면 시중에 나오는 조청은 품삯이 맞추어지나 하는 걱정도 했지만 100% 조청은 아닐 것이라는 나의 불신만 키우게 된 경험을 하게 되었다.

  처음 만든 조청이지만 성공했다는 뿌듯함과 그 맛이 어머니 손맛과 같다는 점이 나를 행복하게 했다. 나도 내 자식에게 조청 맛을 보여주고 싶은 생각이 들었다. 시장에서 예쁜 병을 구입해서 두 병을 담아 놓고 구정에 만나면 자랑하면서 맛보여 줄 것을 생각하니 입가에 미소가 번졌다.

  어렸을 적, 설 떡국용 가래떡이 조청과 만났을 때 경험한 달콤하고 쌉쌀한 맛인 어머니표 조청을 내 손으로 만들었다는 자부심이 내 마음 가득 기쁨으로 채웠다. 가래떡에 꿀을 찍어먹는 일은 요즘 흔하게 보는 모습이다. 수제 조청은 꿀보다 귀하다. 단당류가 들어가지 않은 비정제액당이다. 그렇다, 오늘 추억을 소환해서 조청 한 사발 얻은 일이 나에게 더없는 행복감을 주었다.

허방

긴 겨울잠에서 깨어난 개울물 소리에 버들강아지 연둣빛 입술을 내밀며 봄을 유혹한다. 비알 밭 긴 이랑 따라 아버지는 묵은 겨울을 갈아엎으셨다. 아버지의 아버지 또 아버지 모두 고향의 산벼랑과 냇가에 돋아나는 생명을 보며 봄을 소중하게 가꾸고 그 봄에 기대어 한 생애를 일구어 오셨다.

내 고향 마을 앞 냇가에는 사시사철 1급수 맑은 물이 흐른다. 명경보다 투명한 물속에는 언제나 생명들이 꿈틀대고 활력이 넘친다. 먹고 먹히는 생존에서 살아남는 자는 늘 후세를 책임질 의무와 권리 또한 공존했다. 다슬기, 동자개, 징거미, 가재, 송사리, 꺽지, 퉁가리, 피라미, 쏘가리까지 치열한 생존경쟁을 하면서 살아가는 민물 공화국이다.

우리 동네 어르신들은 참 부지런하셨다. 아직은 물이 차가운 이른 봄, 얼어붙었었던 산들이 둔탁한 몸으로 막 기지개를 켜는 계절이었다. 누가 먼저라 할 것 없이 퉁가리, 꺽지, 피라미 사냥을 나섰다. 아버지께서도 사냥터에 나가신다. 어머니께서는 버려도 아깝지 않을 만한 낡은 놋양푼을 아버지께 내놓으신다. 그다음 지난봄에 담아 놓은 된장을 큰 숟가락으로 두세 번 넣는다. 흐르는 물살에 떠내려가 버릴까 봐 큰 돌멩이도 하나 넣었다. 그리고 하얀 광목천 중간에 동그란 구멍을 뚫어서 덮은 뒤 검정 고무줄로 단단하게 묶으신다. 사냥터로 나갈 모든 준비는 끝났다.

저녁노을이 신행 오는 새색시 붉은 치마 빛으로 물드는 시간이 되면 전쟁이 시작된다. 아버지뿐만 아니라 냇가에는 많은 사람이 준비해 온 떡밥을 놓고 돌아간다. 흐르는 물에서 어느 쪽이 물고기 길인가 눈 저울질하면서 연신 고개를 갸우뚱거리시며 여기저기를 돌아다니신다. 그때 물이 얇고 물살이 센 물줄기 밑에 하나, 다른 하나는 물살이 약한 조금 깊은 곳에 아주 천천히 입수를 시킨다. 봄날의 어둠이 이슬을 앞세우고 발레리나의 하얀 치맛살처럼 사뿐히 내려앉을 무렵, 전쟁터의 고아처럼 허방*만 남겨두고 모두 집으로 돌아간다. 물고기들의 어리석은 선택을 허방을 놓은 사람에겐 지혜라 부르면서 밤사이 물속의 승자가 누구인지 밤에는 알 수가 없다.

다음 날 이른 아침, 동네아저씨와 아버지의 호탕한 웃음소리로 승리자가 누구인지를 알 수 있다. 1급수 바닥은 투명한 자갈이 서로 몸을 비비며 재잘대는 물고기의 놀이터다. 물고기들은 천연향수 된장 냄새 유혹에 흠뻑 빠져 힘겨루기 끝에 강한 자가 허방을 차지했다.

　약자를 물리친 강자들의 어리석은 선택이다. 사람에게는 기쁨을 주는 한편, 약육강식의 질서에 순응하는 순간을 그대로 보여주는 것이다.

　그들은 작은 양푼 소소공화국에서 몸이 부딪치고 서로 공격하며 엉키어 있다. 다음에 찾아올 그들의 희생이 얼마나 가혹한지 모르는 채 말이다. 숫돌에 잘 갈아놓은 대장간의 작은 칼로 아가미를 꼭 잡고 날카롭게 단 한 번으로 마춰를 끝낸 뒤 그들의 배 속을 사정없이 파헤친다. 내장을 도려내고 앞뒤 날개 지느러미를 잘라내고, 피부까지 말끔히 박피하여 마지막으로 1급수에 소독을 마치면 붉은 양념이 끓고 있는 뜨거운 허방으로 밀어 넣는다. 사람들 혀의 만족을 위해 희생은 기꺼이 감수해야 했다. 물속에 사는 물고기일 뿐만 아니다. 깊은 산 속은 겨울을 이고 서 있는 채로 잠에서 깨어나는 산나물도 입맛 잃은 사람들 입속 허방으로 유혹당한다.

　진실을 외면하는 인생 얕은 꾀를 부리며 살 때 자신도 모르게 수렁으로 빠져들 때가 있다. 남이 던져 놓은 덫에 걸리기도 하고, 스스로 덫에 빠질 때도 있다. 사람이 만들어 놓은 허방 덫에는 수많은 생명들이 낙화처럼 떨어진다. 사람 또한 보이지 않는 허방으로 오늘도 고통과 괴로움에 이끼 낀 돌 위에 서 있는 것처럼 미끄러질 때도 있다.

　우리들도 언젠가 생명이 다하는 날, 아무도 모르는 허방으로 떨어질 것이다.

  누구의 덫에 걸릴지 모른다. 저승사자의 덫, 아니면 천국의 천사의 초대장, 사람들은 모두 앞날에 다가올 허방을 까맣게 잊은 채 살아가고 있다.

* 허방 : 땅바닥이 움푹 패어서 다니다가 빠지기 쉬운 곳

자반고등어

 오일장날 아침이다. '아비야! 오늘 장에 가거든 바다 좀 건져올 수 있겠나.' 할머님 말씀에 무슨 암호라도 통하듯이 '예, 어머님 남해바다 잠시 빌려오겠습니다.' 이렇게 주고받는 대화는 어린 우리 형제는 무슨 말인지 알 리가 없었다.
 내 고향은 내륙지방이라서 어린 시절의 바다는 상상 속에서만 존재했다. 산이 더 많은 것이 당연하듯 생각하며 자랐다. 봄부터 산나물이 풍성하게 나오며, 곡식은 잡곡을 쌀보다 많이 추수하는 산골 마을이었다.
 4킬로미터 떨어진 오일장에 가야만 육고기와 생선을 살 수가 있었다. 집안 제삿날이나 가족 누구 생일날이 되어야 육고기를 먹을 수 있었지만 생선 중에서 유독 자반고등어를 자주 먹을 수 있었던 것은 당시에 냉장고가 없이도 보관이 용이한 소금 간을 한 자반이었기 때문이었다. 오일장에 빠지지 않는 생선, 푸른 남쪽 바다를 활

옷처럼 입고 시퍼렇게 번쩍거리는 자반고등어, 입맛에 딱 맞이 맞도록 짭조름하게 손질이 되어있는 것이 다른 조미가 없이도 신기할 만큼 맛이 좋았다.

오일장날 해 질 무렵이면 왕복 8킬로미터를 걸어서 다녀오시는 아버지 손엔 어김없이 짚을 꼬아 만든 가녀린 새끼줄에 꿴 자반고등어는 신문지에 돌돌 말아서 대가리와 꼬리만 보이게 묶인 채 달랑달랑 아버지와 함께 걸어왔다. 그날 저녁상에 할머니 좋아하시는 자반고등어 구이는 반드시 할머니, 아버지의 겸상 위에 올랐다.

손 빠른 우리 어머니는 얼른 준비하시느라, 양쪽이 철사로 만들어진 석쇠 중앙에 고등어를 얹고, 참나무로 소죽을 끓인 아궁이에 타고 남은 숯불 위에 자반고등어를 올리면 지글지글 고등어 기름 타는 냄새가 입안에 침을 고이게 했다. 쌀밥에 자반고등어 한 점이면 고봉밥도 뚝딱 해치우는 기가 찬 맛이었다. 숯불은 살아 이글거리고 노란 생선 기름이 풍기는 냄새는 이웃집까지 유혹을 했다. 앞집 당숙 아주머니 뒤란 뜰에서 목을 길게 빼고 한마디 하신다.

"형님, 아지뱀 오일장 댕겨오셨니껴? 오늘도 자반을 사 오셨군요. 저희는 냄새만으로 밥 한 그릇 뚝딱 하니더."

"냄새가 동서네 집까지 풍기나. 아이고, 이를 어째. 고등어 한 손을 구워야 가족이 다 먹을 수 있다네. 나누지 못해서 미안하네."

"아이시더. 저희도 지난 장날에 사다 놓은 거 한 손 아직 남아 있니더. 형님! 저녁 맛있게 잡수시소."

시골집 낮은 담장은 이웃 사이를 가로막는 벽이 아니라 이웃끼리 정담을 나누는 통로 역할을 했다. 오일장 저녁밥상 위에 차려진 자반고등어는 시퍼런 파도를 품은 할머니의 바다였다.

할머님은 막내딸을 동해에 접한 삼척에 시집보내 놓고, 일 년에 한 번씩 동해 바다를 다녀오시면 어린 우리 형제들에게 바다의 이야기를 많이도 해 주셨다. 집채만 한 고래를 보았다는 둥, 바로 잡은 싱싱한 고등어, 꽁치, 온갖 생선을 많이 보았다는 둥 많은 말씀을 해 주셨다. 어린 내가 이름을 알 수 있는 생선은 고등어와 꽁치 두 가지뿐이었다.

그렇게 물자가 어렵던 시절에 맛나게 먹을 수 있었던 자반고등어, 지금은 전통시장이나 마트에서 흔하게 만날 수 있다. 그리고 유명 홈쇼핑에서 자반고등어가 대단한 인기몰이를 하고 있는 요즘 세태이다. 그리고 내 고향은 내륙지방이라 생선을 변질 없이 오래 보관하려고, 소금을 듬뿍 뿌려 짭조름하게 오래 보관하려던 방법이 오늘날 나의 고향 이름을 새긴 채 유명세를 타고 전국으로 팔려 나간다. 유명한 그 회사는 내 고향에 아무런 대가도 없이 이름을 남용하는 듯하다.

지금의 고등어가 그 모양과 냄새가 같다고 옛날 어머니께서 구워주시던 어린 시절 귀하게 여기며 먹던 그 맛과 같을 수는 없다. 나는 예전 입맛을 생각하면서 슈퍼마켓이나 전통시장에서 구입해 온 자반고등어를 키친타월로 생선의 물기를 완전히 제거한 다음 프라이 팬에 기름을 살짝 두르고 자반고등어를 올렸다. 지글지글 익어가는 소리와 맛있는 냄새와 노릇노릇 구워져 가는 유혹에 침을 삼키며 식탁에 올렸다.

편리해진 주방 도구들이 자반고등어의 바다 맛을 앗아가 버렸다. 먹을 것이 부족하던 시절이라 더욱 맛있었던 면이 있기도 하겠지만, 참나무로 쇠죽을 끓인 뒷불에 구워 먹던 그 맛은 찾을 수가 없었다.

오늘날, 교통이 편리해져서 승용차로 몇 시간이면 바다 근처에서 생선을 먹고 돌아올 수도 있다. 할머니와 어머니가 계시지 않은 고향 집에, 쇠죽을 끓이던 가마솥도 벌겋게 녹이 슬어 뒤란에 방치해 놓은 지 오랜 시간이 흘렀다. 내 어릴 적 우리 할머니의 바다 맛은, 어떤 유명한 맛집에서도 만날 수 없는 것은 할머니와 어머니가 이승에 계시지 않다는 증거일지도 모른다.

올해도 돌아오는 할아버지, 할머니 제삿날 그리고 아버지, 어머니 제사상에 어김없이 자반고등어는 위풍당당하게 오를 것이다. 참나무로 쇠죽 끓인 뒷불이 아니어도 제삿날만은 할머니, 어머니를 만난 듯하다. 푸른 동해 바다를 품은 자반고등어, 할머니의 바다 맛이다.

3
은비녀

고드렛돌
돌겻
석작
코뚜레
고래
덕석
돌쩌귀
물두멍
바지랑대
씨아
얼기미
은비녀
디딜방아
연가
모탕

고드렛돌

'딸그락딸그락'

아버지 작업장에서 들려오는 돌 부딪치는 소리다. 작업장이라 해서 뭐 그리 대단한 곳은 아니다. 헛간 같은 창고이다. 겨울 농한기를 이용해서 살림살이 늘리는 일은 아버지의 몫이었다. 발을 만드는 일도 그중 하나였다.

곧은 싸리나무나 수숫대를 엮을 때는 고드렛돌*이 굵어야 사용하기에 적합했다. 커다랗고 기다란 수숫대 발은 울타리로 사용했다. 수숫대는 비바람에 잘 썩지 않는 재질이라 일 년은 거뜬히 버틸 수 있었다. 그러나 해마다 울타리를 바꿔 줘야 했다. 고향 집 울타리는 돌담이 빙 둘러쳐져 있었다. 하지만, 창고와 아래채, 담배 건조장 등은 수숫대 발 울타리를 사용했다.

씨줄은 수숫대이며 날줄은 짚으로 꼰 새끼였다. 아버지 손수 짚으로 새끼줄을 꼬면서 볏짚과 닥나무 껍질을 섞어서 새끼줄을 꼬았다.

닥나무 껍질을 섞는 이유는 수숫대보다 볏짚이 먼저 썩는 것을 방지하기 위함이었다. 오늘날처럼 질기고 튼튼한 재료가 없었기 때문에 볏짚과 닥나무 껍질을 섞어 엮은 새끼줄에는 아버지의 지혜와 삶의 경험이 담겨 있었다. 이때 쓰는 고드렛돌은 최소한 어른 주먹만 한 것을 사용했다. 수숫대의 크기와 무게를 이길 수 있는 돌을 써야 하는데, 집 앞 냇가에 지천으로 널린 돌을 크기별로 찾아 사용하는 일 또한 아버지의 일상이었다.

그 당시 농가에 사용하는 면장갑이 흔하지 않아서 아버지의 맨손은 자주 수숫대에 베이기도 했다. 상처가 나고 피가 흐르는 현장을 어린 우리 형제들은 자주 목격했었다. 아버지 손이 고드렛돌에 부딪쳐 멍드는 일도 더러 있었다. 수숫대에 베이고, 고드렛돌에 멍든 아버지의 손은 물자가 부족했던 시대에 살았던 아버지의 가족에 대한 사랑의 흔적이었다. 아버지께서 아침이면 무슨 일 있었냐는 듯, 하나씩 완성되는 생활용품에 기쁨을 얻으시고 좋아하셨다. 울타리는 해마다 새 옷으로 갈아입었다. 수숫대에 베이고 고드렛돌에 멍든 아버지는 손 지문이 다 닳아서 없어졌을 정도였다.

싸리나무 발은 봄날 산나물을 끓는 물에 데쳐, 햇빛에 말리는 데 사용하기엔 으뜸인 발이었다. 내 고향 안동은 내륙지방이라 산이 많았다. 어머니께서 이른 봄나물을 많이 뜯으셨다. 쌀, 보리와 같은 주식이 부족했기 때문에 산나물은 굶주림을 해결하는 데 큰 보탬이 되기도 했다.

싸리나무 발의 씨줄은 곧은 싸리나무이며 날줄은 연한 햇칡넝쿨이었다. 고드렛돌은 수숫대 발을 만들 때 사용한 그 돌을 그대로 사용했다. 씨줄 날줄에 무게 중심을 맞춘 돌이었다. 돌담 위에 펼쳐진 싸리나무 발에다 펄펄 끓는 물에 데친 나물을 펼쳐 널었다. 뜨거운 물이 숭숭 뚫린 싸리나무 발 사이로 빠지면 볕 좋은 시간 이틀이면 묵나물로 변신했다. 묵나물은 시장에서 인기가 좋았다. 우리 가족 경제에 큰 몫을 담당했다. 그런 일을 도맡아 하시는 어머니는 우리 가족의 고드렛돌이었다.

겨울 농한기가 되면 추위가 심했다. 창고 바닥에 난방이 안 되어 거적때기를 두툼하게 깔아야만 했다. 창고 안 공기가 차가운 날에는 놋화로에 소나무, 참나무 벌건 숯불을 담아 추위를 덜어냈다.

거적때기도 추수한 볏짚으로 엮어 만들었다. 그때도 고드렛돌은 아이들 주먹만 한 것을 사용했다. 씨줄은 볏짚이며 날줄 또한 짚으로 꼰 새끼줄이었다. 거적때기와 짚 돗자리를 짤 때 사용하는 고드렛돌은 같은 크기였다. 짚 돗자리를 짤 때는 꽤 많은 숫자의 고드렛돌을 사용했다. 경험의 대물림에서 나오는 계산법은 오차가 거의 없었다. 아버지께서 볏짚으로 작업을 할 때, 건조한 공기 탓에 미지근한 물을 한 입 머금고 푸~우 푸~우 분무질을 해야만 했다. 볏짚이 뻣뻣하면 고드렛돌이 자주 부딪치는 일이 생기기 때문이란다.

뿐만 아니었다. 잘게 쪼갠 대나무나 갈대를 엮은 발은 여름 한낮 모기장처럼 사용하기도 했다. 이때 사용한 고드렛돌은 아기 주먹만 한 것이었다. 대대로 이어온 조상들의 지혜에 놀라지 않을 수 없었다. 아버지께서는 당신께서 직접 만든 고드렛돌을 크기별로 보관했는데, 생활이 편해지고 물자가 풍족한 시대가 오면서 고드렛돌은 돌담에 난 구멍 사이로 들어가 바람을 막는 운명으로 바뀌어 버렸다. 아버지 손을 멍들게 했고, 가장으로서의 긍지를 갖게 했던 고드렛돌 바늘은 제 소명을 다한 채 기억의 뒤안길에서 사라져갔다.

오늘날, 나의 텃밭 울타리는 한번 설치하면 아주 오래가는 굵은 철조망으로 둘러쳐 놓았다. 공장에서 찍어낸 편리한 물자다. 고드렛돌을 사용하지 않은 울타리가 이렇게 튼튼하다는 것을 체험하면서도 울타리로서의 운치와 따뜻함을 느낄 수 없음이 못내 아쉽다.

* 고드렛돌 : 발이나 돗자리 따위를 엮을 때 날을 감아 매어 늘어뜨리는 조그마한 돌

돌껫

 돈다고 모두 춤추는 게 아니다. 돌껫의 수고다. 인간의 눈에는 아주 편안해 보여도 고통은 따른다. 고향 집 툇마루에 할머니, 어머니의 노동을 도와주는 고마운 돌껫*이다.

 내 어릴 적 고향 집에 할머니는 무명실을 베틀에 올리기 전 목화솜에서 뽑아낸 무명실이나 삼베길쌈의 실을 풀거나 감는 역할을 하는 돌껫을 애지중지했다. 아버지께서 소나무로 만드신 돌껫이다. 이른 봄 나무에 물이 오르기 전, 겨울 마지막 자락에 소나무를 베어 가마솥에 쪄 그늘에 천천히 말렸다. 햇볕에 빨리 말리면 나뭇결이 벌어지고 뒤틀려서 쓸 수가 없기 때문이다.

 그다음 톱과 낫, 작은 대패로 거친 나무가 매끄럽도록 다듬으셨다. 몸통과 다리는 네 개나 여섯 개로 만들어 중심을 무겁게 잡아주고, 굴대*를 세워 상체는 십자형으로 만들었다.

 돌껫의 임무는 도는 일이었다. 그런데 가끔 탈이 날 때도 있었다.

돌고 돌아서 많은 일을 하다 보면 굴대가 닳아서 삐거덕거리는 소리가 나면, 곧장 할머니의 처방이 들어갔다. 오일장마다 머리에 바르던 피마자기름을 병아리 눈물만큼 굴대에 먹이면 언제 그랬냐는 듯 돌겻은 잘도 돌았다.

할머니께서 '그래 너도 배곯았나? 나처럼 나이 먹어 다리가 아프냐?' 하시면서 물건을 사람처럼 달래 가면서 쓰시곤 했다. 실을 감을 때나 실을 풀 때 엉키는 것을 방지하기 위해 피마자기름을 굴대에 먹이는데 돌겻은 할머니의 손때가 묻어 반질거렸고 그 손때가 윤기로 반짝거릴 때 더 멋있어 보였다.

할머니께서 어머니를 향해

"에미야. 내가 시집와서 무명천과 삼베 천으로 식구들 옷을 다 해 입혔다. 그 많은 실을 저 어깨에 걸고 돌았으니 돌겻도 이제 팔, 다리가 아플 때도 되었다."

"네, 어맴요. 앞으로 제 다리가 병날 때까지, 실을 감고 풀다 보면 아마도 굴대를 바꾸어 주어야겠지요."

두 고부가 함께 고생보따리 속에서 풀어내는 대화가 무명 실꾸리만큼 길게 이어졌다. 우리 가족 어른들은 모두 한복을 즐겨 입었다. 할아버지, 할머니, 아버지, 어머니까지 흰옷이 더 많은 까닭은 무명천이나 삼베 천이 대부분 한복의 재료가 되었기 때문이었다.

여름 방학은 무더위를 안고 천방지축 뛰어다니는 동생들이 사고를 치기 쉬운 시기다. 그날은 아침부터 분주한 시간을 보냈다. 동생들이 안방에서 사랑방 그리고 툇마루 축담까지 모두 놀이터처럼 난장판을 만들고 있었다. 위험함을 읽은 할머니께서

"아가들아 조심히 놀아라. 삼 광주리 엎지를라."

들었는지 못 들었는지 대답조차 없는 동생들이 얼마간 시간이 지나자 결국 일을 내고 말았다. 한 명은 울고 한 명은 파랗게 질린 얼굴로 스스로 벌벌 떨고 있었다. 무슨 사달이 크게 났다는 신호였다. 단숨에 상황을 알아채신 어머니의 손에는 싸리나무 회초리가 이미 쥐어져 있었다. 눈치로 치자면 어머니보다 한 수 위인 할머니께서 말을 걸어오셨다.

"무슨 일이냐? 어떤 놈이 광주리를 엎었나?"

"어맴요. 큰일 났어요. 작은놈이 돌꼇 팔을 부러뜨렸어요."

"아이고 몇 개나?"

"한 개요. 넘어지면서 실타래에 엉키어서 사달이 났어요. 이달 안에 일을 다 끝내야 하는데 낭패입니다."

"에미야, 다치지 않았으면 괜찮다. 애비한테 다시 만들어 끼우라고 말하면 되니 회초리를 내려 놓거라."

어머니의 싸리나무 회초리는 할머니 손자 사랑에 힘을 잃었다. 동생들은 무사하게 지나가는 걸 다행으로 생각하며 한동안 무릎을 꿇어앉은 채 손을 들고 있었다. 이렇듯 놀이터가 없는 시골 동네에서는 내 동생들뿐만 아니라 동네 개구쟁이들이 일으키는 사고는 빈번했다. 땔감을 한 짐 지고 골목을 들어서는 아버지께서 상황을 살피

시고 웃으셨다.

"이놈들 오늘 할머니 덕분에 살았구나."

그게 뭐 어려운 게 아니라는 눈치셨다. 돌꼇의 팔은 장애를 입었지만, 가족의 사랑을 확인하는 순간이었다. 아버지는 나뭇짐을 정리하시고 창고로 들어가시더니, 일찍이 여분으로 준비되어 있던 돌꼇의 팔을 교체하셨다.

농촌에는 무엇이든 여분이 있어야 급하게 필요할 때 요긴하게 사용할 수가 있었다. 나는 그런 요령을 아버지로부터 배운 것 같다. 만약 아버지의 준비가 아니었다면 할머니와 어머니의 불편함은 무척 컸을 것이다.

새로 교체되어 삐거덕거리는 돌꼇에는 할머니의 처방이 기다리고 있었다. 피마자기름을 병아리 눈물만큼 먹이는 일이었다. 돌꼇은 다시 춤을 추었다. 자신의 몸인 굴대 살점을 깎아 먹으면서 인간에게 소신공양을 했다.

* 돌꼇 : 실을 감거나 푸는데 쓰이는 기구
* 굴대 : 바퀴의 가운데에 뚫린 구멍에 끼우는 나무막대나 쇠막대

석작

'딩동' "택배 왔습니다."

서울에 사는 친구가 보내온 선물, 친구를 만나듯 반가움에 종이 상자 속을 열어보니, 고운 보자기에 싸인 깨끗한 바구니에 천연 색색 예쁜 한과가 담겨 있었다.

이 과자를 만든 손길에 감사하고, 마음을 담아 보내준 친구가 고마웠다. 과자를 다 먹어도 바구니는 애장하는 그릇으로 쓸 수 있었다.

어릴 적 우리 아버지가 만드시던 바구니와 무척 닮아 있었다. 아버지께서 대나무와 곧은 싸리나무로 온갖 종류의 바구니를 만들었다. 대나무는 주로 커다란 바구니랑 작은 석작을 만들며, 싸리나무는 상자나 중 다래끼 만드는 데 사용했다. 주로 부엌에서 쌀을 씻어 일어 담는 조리는 조릿대로 만들었다.

댓잎이 푸른 겨울에 나무를 베어서 그늘에 살짝 말려 놓으면, 아주 좋은 재료가 되었다. 석작*은 대개 대나무 속대로 만들었다. 대나무 겉대는 커다란 바구니를 많이 만들며, 가끔 마당의 봄나물을 널어 말리는 발을 만들기도 했다. 그 과정은 무척이나 수고롭고 위험도 따랐다.

아버지 손은 대나무에 여러 번 찔리고, 대나무를 쪼개는 과정에서 날카로운 칼에 여러 번 베여 피를 흘리는 일이 종종 있었다. 싸리나무보다는 대나무가 불편함을 더 주어도 완성된 그릇의 씀씀이가 달라 대나무 그릇을 즐겨 만드셨다. 아버지의 수고로움이 많아도 대나무 그릇이 완성되었을 때 좋아하시는 어머니의 환한 얼굴을 보시는 게 아버지의 낙이었다.

'여보 바구니 하나 완성 했네.'라고 완성된 그릇을 전해주면, '아이고 뽀얀 대나무 속대가 이렇게 분통같이 곱다. 예쁘게 잘 쓰겠어요. 이건 방 안에 두고 반짇고리를 사용해야겠다.' 어머니는 바로 밀가루 풀을 쑤어 얇은 천에 풀을 흠뻑 먹여서 석작 안팎을 입혔다. 햇볕 익은 시간에 양지바른 곳에 충분히 말리면 아주 고운 애장품이 만들어졌다. 어머니는 그 바구니 속에 소중한 물건들을 보관했다. 안방 반닫이 위에 두고 사용했는데 가끔 장난꾸러기 동생들이 사고를 치는 일도 자주 일어난다.

추운 겨울날 방 안 생활이 많은 시간, 두 동생이 장난을 치다가 어머니의 애장품 대나무 석작 바구니를 떨어뜨려 발로 밟는 일이 생겼다. 그 속에 물건들이 방바닥에 흩어지고 찌그러진 석작은 쭈그러진 상태로 내동댕이쳐져 있었다. 순간 동생들이 놀라서 벌벌 떨고 있는 시각, 할머니께서 들어오셨다. 할머니는 언제나 동생들의 든든한 지원군이었다.

'아가들아 너희 엄마 들어오면 바로 용서를 빌어라. 이 할미가 있는 자리에서 말이다.'라고 말씀하시는 순간, 어머니의 모습이 보였다. 동생들은 어머니 모습이 저승사자처럼 느끼고 있는 것 같았다.

"아이고 이놈들 또 장난을 쳤구나. 혹시 다친 곳은 없나?"

어머니의 목소리에서 꾸중의 강도를 예측할 수가 있었다. 벌벌 떨고 있는 동생들이 어머니께 자기들의 잘못을 서로의 탓으로 미루고 있었다. 형은 동생에게 동생은 형에게, 이 광경을 보고 듣던 어머니는 그때서야 야단을 쳤다.

"너희 둘 다 아랫목에 앉아서 손들고 있어라."

동생들의 눈은 힐끗 도와 달라는 신호처럼 할머니 눈치를 봐 가면서 앉았다. 그 옆을 아무 말 없이 바라보던 할머니는 돌아서서 입을 손으로 가리고 웃으셨다. 어머니는 동생들에게 훈시를 했다.

"너희 둘은 잘못을 저지른 것보다, 형제지간에 자기 혼자 살려고 잘못을 남에게 미루는 게 더 나쁘다."

그때에 할머니가 나셨다.

"어미야, 이만하면 잘못을 반성하고, 앞으로 장난을 방 안에서는 조심할 것이니, 손을 내리라고 해라."

어머니는 못 이기는 척 할머니 말씀을 따랐다. 그렇게 찌그러진 어머니의 석작 반짇고리는, 아버지의 수고로 다시 만들어지길 바랄 뿐이었다. 때마침 들일 가셨던 아버지께서 집 안으로 들어오시면서 그 광경을 보셨다.

"이놈들 오늘 혼났겠구나."

어머니가 석작을 원형으로 돌리려고 애쓰고 있는 모습을 보며 아버지께서 던지시는 넉넉한 한마디였다. 어머니를 향해 걱정하지 말라며 석작은 몇 개라도 만들어 줄 수 있다고 어머니를 안심시켰다.

우리 아버지는 그날 이후 석작을 만들 때, 대나무에 찔리고 날카로운 칼에 베여도 소중하게 사용하는 어머니를 생각하며 대나무와 칼을 들어 고운 석작과 바구니를 만들어주셨다.

오늘날에 내가 생각해 봐도 석작을 비롯한 바구니는 건강한 그릇임에 틀림이 없다. 어머니의 애장품 석작, 반짇고리부터 삶은 보리쌀을 보관하던 대나무 바구니는 친환경 그릇이면서 멋까지 있었다.

고향 창고에 손때 묻은 바구니와 석작은 덩그러니 쓰레기로 버려질까, 추운 날 아궁이 속으로 들어갈까 봐 겁먹은 얼굴로 웅크리고 앉아서 다음 주인을 애타게 기다리는 듯하다.

* 석작 : 가는 대오리를 걸어 만든 네모꼴 상자

코뚜레

6월 초 부지런한 농부들의 웃음 색깔은 연두색이다. 나의 텃밭 이웃들, 무논은 겨울 동안 먼지를 털어내고 풍년을 줄 세우고 있었다. 요란한 기계소리와 함께 트랙터가 지나간 자리마다 일사분란하게 어린 모가 심겨지는 모습을 바라보노라면 격세지감을 느꼈다.

어릴 적 고향 마을 아버지께서 모심기하시던 모습이 순간 환영幻影처럼 다가왔다. 아버지는 보름 전부터 논 물꼬를 터 풍족하게 물을 넣었다. 천수답과 평평한 들 논의 모심기는 보름 동안 이어졌다. 먼저 무논의 써레질은 우리 집 씨암소의 몫이었다. 아버지의 이~라 이라 하는 출발 신호와 동시에 무논의 질퍽한 곳을 불평 없이 아버지 신호에 따라 갈아엎었다. 아버지 말귀를 잘 알아듣는 소는 오랫동안 우리 집 농사를 대가 없이 지어주던 큰 머슴이었다.

몇 년 전 어미 소 젖을 떼고 농사에 길들여진 소이다. 송아지로 약 1년 못 미치게 자유롭게 살다가, 어느 날 아버지와 당숙 두 분이 커다란 대추나무에 송아지 목줄을 바짝 매어놓고 코뚜레를 끼우고 있었다. 송아지로 뛰어다닐 때는 열 사람을 이길 수도 있었지만, 조그마한 코뚜레 하나에 어린아이에게도 순한 양이 되어버리니 코뚜레 힘이 정말 대단함을 알게 되었다.

아버지는 먼저 어린 대추나무 가지를 잘라서 뾰족하게 만들어 소죽 끓이는 솥에 코뚜레와 함께 한번 삶았다. 다시 아궁이에 넣어서 나무 표면만 살짝 태워 나무 송곳을 만들었다. 소독을 겸한 나름의 순서가 정해져 있었다. 발버둥치는 송아지에게 오일장에서 사온 막걸리 한 병을 송아지 입을 벌리고 쏟아 넣었다. 지금 생각해 보니 송아지가 술에 취해 통증을 못 느끼게 하려는 의도인 것 같았다.

당숙 두 분은 송아지를 움직이지 못하도록 잡았고 아버지는 송아지 코를 잡고 단숨에 구멍을 뚫어 물푸레나무로 만든 코뚜레를 끼웠다. 순간, 머리는 대추나무에 처박혀 있어도 뒷다리는 펄쩍펄쩍 뛰면서 순식간에 난장판이 되었다. 빠른 아버지 손이 모든 상황을 정리했었다. 망나니처럼 날뛰던 송아지가 순한 일소로 변해버렸다. 한두 달 정도 코뚜레 뚫은 곳에 상처가 날까 봐 소를 보호하는 차원에서 마구간 여물통에 먹을 것을 넉넉하게 주면서 보살폈다. 우리 형제들은 일 년에 한 번씩 보는 무서운 구경거리였다. 무서워도 아이들은 멀찌감치 물러서서 보기만 했었다. 열 손가락을 포개서 눈 위로 올리고 아주 조금씩 손가락을 열면서 바라보았다. 아버지 사촌지간은 우애가 두터우셨다. 물론 어릴 때부터 한동네에서 평생을 같이 살아온 것도 있지만, 우리 아버지께서 사촌 동생들을 무척 아끼셨다.

무슨 특별한 날이나 어떤 일이 있는 날이면 당숙들은 아버지 곁에 늘 함께 있었다. 그날도 변함없이 김치 한 조각에 막걸리 한 사발로 사촌지간 우애를 나누는 모습엔 변함이 없었다.

땔감이 나무였던 시절이라 아버지는 산에 나무하러 가실 때마다 물푸레나무 새순이 자라 좀 굳어지면 베어 와서 코뚜레를 만들어 놓았다. 보통 10개 정도 마구간 여물통 위에 걸려 있었다. 이웃에게 나누어 주기도 하셨다. 나는 언제나 당연하게 걸려 있는 줄만 알았다. 그것이 우리 집 송아지가 일소로 변하는 징검다리인 줄 알지 못했다. 송아지에서 코뚜레가 연결되면 어미 소 곁에서 멀어졌다. 보통 오일장 우시장에 나가 빈농의 주머니를 채워주는 효자 노릇을 했었다.

가족생계에 여유를 안겨주는 튼튼한 줄이었다. 어린 자식들 등록금이 되기도 하고, 혹 밀린 채무도 갚을 수 있고, 조부모님 건강을 위한 영양식으로 돌아오기도 했었다. 오일장 송아지를 팔아서 돌아오는 아버지 손은 무거운 장보기가 담겨 있었다.

지금도 또렷하게 기억나는 게 엿가락이었다. 우리 할머니가 무척이나 엿과 고등어를 좋아하셨는데, 아버지 장 보따리엔 엿과 고등어가 넉넉하게 들어있었다. 할머니 덕분에 당시 귀하던 쌀엿을 자주 얻어먹은 기억이 아련히 떠오른다.

암소는 일 년에 송아지 한 마리씩 낳아주는 우리 집 재산목록 1호 이기도 했다. 오랫동안 기르던 늙은 암소가 마지막 송아지를 낳고 5일장 우시장에 팔려 나갈 때 흘리던 눈물을 지금도 잊을 수가 없다. 일 년에 한 번씩 팔려 나가던 송아지를 보면서 여물도 먹지 않고 슬피 울던 어미 소가 아니던가! 소가 흘리는 눈물을 나는 보았다. 여물도 먹지 않고 음~메 음~메 목을 길게 빼고 울었다. 낮과 밤을 가리지 않고 울어대는 모습이 처연하기까지 했다.

'말 못하는 축생도 새끼를 떠나보내고 저렇게 우는데, 하물며 자기 새끼 버린 인간은 축생만도 못하다.' 해마다 우리 어머니의 소 울음에 답하시면서 눈물을 보이기도 했었다. 오늘날 이웃 무논에서 만난 트랙터를 보고 있노라면, 아버지가 만든 코뚜레 위에 씌워졌던 부리망에서 헐떡거리던 암소가 콧김을 허옇게 뿜던 그 모습이 아련하고 아픈 추억으로 떠오른다.

오늘날 그림으로 만난 김홍도 경직도가 내 아버지 모습으로 훅! 다가오는 것은 무슨 까닭일까. 우연하게 본 TV화면에 아프리카 어느 부족이 코에 코걸이를 한 모습을 봤을 때 고향의 어미 소가 생각나서 괜스레 마음이 불편했던 적도 있었다.

어느 날, 시골 축사에서 소를 만났다. 코뚜레를 한 소가 한 마리도 없었다. 그래도 모두 조용하고 분란을 일으키는 소는 보이지 않았다. 무슨 일일까, 자세히 살펴보니 바로 육우들이다. 일소의 고단함을 저 소들은 알지 못하지. 주인이 시간 맞추어 주는 사료로 배를 채우고 살만 찌워서 농장 주인의 주머니만 두둑하게 채우면, 그 소들은 본연의 일에 충실하므로 사나울 필요도 없고, 코를 뚫어 코뚜레 끼우는 고통을 느끼지 않아도 되기 때문이다.

오늘날엔 코뚜레가 장식품이 되어 어느 식당 현관 앞에, 어느 정육점 붉은 전시 유리장 위에, 또는 아파트 거실 벽에 걸려 있다. 참으로 진귀하고 아이러니하다.

아버지가 한평생 동안 만든 코뚜레만 해도 수십 개는 충분히 될 것이라 생각했다. 저 장식품 중에 아버지 손때가 묻고 우리 집 씨암소의 숨결이 남아 있을 수도 있겠구나 하는 생각이 들었다. 둥글게 말아쥔 코뚜레에서 정겨운 어미소의 울음소리가 들려오는 듯하다.

고래

 '이 일을 우짜노?' 어머니의 혀 차는 소리는 무슨 일이 단단히 일어났다는 신호였다. 사랑방 구들이 내려앉아서 군불이 들지 않는다는 볼멘소리였다. 기술자도 없는데 추위 오기 전에 구들을 고쳐야 했다.

 나는 늦가을 휴가를 내어 고향 집을 방문했다. 어머니 얼굴 반가움도 잠시 한숨소리에 놀랄 수밖에 없었다. 무슨 큰일이 일어난 줄 알았다. 다가올 겨울 냉기를 쫓아낼 사랑방 구들이 사고가 났다는 일이었다. 기술자를 부르면 돈도 많이 드는데, 안절부절못하시는 모습이 마음을 아프게 했다.

 나는 어머니께 '돈은 제가 드릴 테니 빨리 기술자 불러요.' 즉시 윗마을에 사는 기술자에게 전화로 문의하니 바로 공사할 수 있다는 대답이 왔다. 기술자의 대답은 모든 재료를 준비해서 내일 올 수 있다는 약속을 받았다. 어머니의 얼굴이 그때서야 환하게 나를 맞았다. '네가 오지 않았으면 큰일 날 뻔했구나.' 내가 짐작건대 돈이 없는 것보다 용기가 없었다는 게 맞는 듯했다. 미루고 미루는 게 봄부터 여기까지 시간을 보내 버린 것이다.

이튿날 아침 공사에 사용할 연장을 짊어지고 윗마을 기술자가 도착했다. 먼저 사랑방 물건을 밖으로 옮겨 놓았다. 방안은 텅 비어 있었다. 사랑방 격자문이 열리고 고리에 끈을 묶어 양옆으로 매어 놓았다. 공사하는 동안 문 때문에 불편을 주지 않으려고 선택한 방법이었다. 기술자 아저씨는 어머니가 준비한 막걸리 한잔을 마시고 옷소매로 입을 쓱쓱 닦고 연장을 손에 잡았다.

커다란 망치와 곡괭이로 사랑방 바닥을 사정없이 내리치고, 검정 먼지가 화산 솟듯이 일어나는데 물 조리개로 먼지를 잠재우며 공사를 진행했다. 이게 웬일인가 구들이 모습을 드러내자 놀라지 않을 수 없었다. 구들장이 몇 군데가 내려앉아서 고래 길을 여기저기 막고 있었다. '아이고, 이런 상태로 지난겨울을 어찌 나셨습니까.' 기술자의 볼멘소리가 이어졌다. 진작 손을 볼 일이지 여태껏 이렇게 사셨냐고 딱하다고 한마디 했다.

검은색 옷을 입은 구들은 오랫동안 장작불 이불을 뒤집어쓰고 이산화탄소를 흡입하면서 잘도 견디었다. 고래는 본연의 임무에 충실했을 뿐인데, 검은 혈관이 뇌경색으로 막혀 문제가 생겼다고 의사를 불러오라는 신호로 연기를 아궁이 쪽으로 내뿜었다.

몇 시간을 망치와 곡괭이로 사랑방 바닥이 대수술 현장으로 만들어 놓았다. 전문가의 손길 따라 엎어져 있던 구들이 하나씩 일어나고 있었다. 어머니와 나는 보조자 역할을 톡톡히 하고 있었다. 사랑방 구들장 고래 길은 구불구불하게 이어져 있으며 납작한 강바닥 청석돌로 구들을 만든 선조의 지혜가 도드라져 보였다. 장작의 소신공양으로 한번 불길이 들면 따뜻한 온기가 오래 머물 수 있도록 만든 온돌, 오늘날의 과학을 능가하는 지혜로움이 숨어 있었다. 어머니와 나는 물 조리개로 심부름하며 목마름을 염려해서 막걸리와 식혜를 번갈아 대접했었다. 이렇게 대수술이 끝나면 다가올 겨울은 아무 걱정이 없다고 안도의 한숨으로 어머니는 걱정을 내려놓으셨다. 온종일을 지불하면서 끝낸 아궁이에 마른 덤불을 넣고 성냥불을 붙였다.

 검정 가루로 분칠한 고래 길은 대수술이 끝난 후, 연가煙家 위로 검정 연기를 밖으로 숭숭 내뱉고 있었다. 고래 길은 아랫목에서 시작해 윗목까지 이리저리로 이어져 놓은 불길이 골고루 잘 퍼지도록 놓여있었다. 과학은 연구와 실험에서 얻어지지만 지혜는 반복되는 체험에서 얻는 것이다. 체득하여 얻은 옛사람들의 지혜는 오늘날의 과학을 뛰어넘고 있다는 점이 놀라웠다.

덕석

아래채 창고 방엔 내 유년이 쪼그려 앉아 있다. 방 안의 훈기가 그냥저냥 냉기만 가실 정도다. 방이 너무 더우면 일에 집중이 안 된다는 이유에서다. 짚공예 솜씨는 할아버지 손끝에서 아버지 손끝으로 자연스럽게 옮겨지고 있었다. 바쁜 일철이 지나고 농한기가 오면 추수 끝낸 볏짚이 수공예로 부활하는 시간이다. 때론 농한기가 더 바쁠 때도 있었다.

우리 아버지는 솜씨가 무척 좋았다. 집안에서 사용하는 도구와 부엌에서 쓰는 가재기물을 손수 만들었다. 당시는 물자가 부족해서 가재도구도 가정마다 손수 만들어 쓰는 것이 일상처럼 되어있었다. 싸리나무 마당 빗자루, 짚신, 망태기, 부리망, 멍석, 먹동구미, 발채, 지게, 목재와 볏짚이 사용되는 도구들은 직접 만들었다. 그중에 아버지의 애장품처럼 여기는 덕석은 우리 집 송아지와 어미 소의 겨울 신사복이었다.

겨울철 산골살이 중 가장 힘든 것은 추위와 싸우는 일이다. 그것은 또한 전쟁 같았다. 우리 집 외양간이 다행스럽게 원채에 딸려 있었다. 당시에 재래식 아궁이에 불을 지피면 어미 소와 송아지까지 그 온기의 덕을 보았다. 볕 좋은 날 바깥마당에서 소와 송아지가 입은 덕석을 벗기고 아버지가 싸리비로 소 등을 쓸어내리시면서 마른 목욕을 시켰다. 소는 시원하다는 듯 커다란 눈을 껌벅이며 먼 산을 물끄러미 쳐다보기만 했다. 송아지는 어미 속을 아는지 옆에서 덩달아 머리를 주억거리고 코를 한쪽으로 실룩이며 웃는 듯한 표정을 지었다.

겨울철이면 아버지는 추수한 볏짚으로 멍석, 덕석, 꼴망태까지 만들고, 여름에는 연한 싸리나무를 삶고 껍질을 벗겨서 광주리를 만들어 사용하였다.

그해는 유난히 추운 겨울이었다. 어미 소와 송아지 덕석은 가끔 오물에 젖기도 했다. 그런 날이면 여유분으로 준비되어 있는 덕석이 아주 요긴하게 쓰였다. 오물에 젖은 덕석 옷을 벗기는 아버지께서, '아이고 이를 어째! 이 추운 날씨에 밤사이를 못 참고 실례를 했는가.' 하시면 소는 비스듬히 앉아서 잠을 잔다. 밤사이 오줌이나 쇠똥을 싸면 덕석이 젖어버린다. 조금만 젖어도 새것으로 갈아입히는 우리 아버지는 소에 대한 사랑이 지극하셨다.

'아버지, 소도 추위를 탑니까?' 하고 소를 바라보고 있던 언니와 오빠 사이에서 호기심 많던 내가 질문을 하자 오빠가 '학교에서 배울 때에는 동물은 추위를 잘 견딘다고 배웠어요.' 하고 유식한 티를 내기도 했다.

나와 오빠의 질문에 아버지는 '그래 그렇지! 하지만 동물 중에도 가축은 사정이 좀 다르단다. 혹여 겨울 동안에 소가 잘못되면 다음 해 농사일도 걱정되고, 추위 때문에 소가 부실하면 송아지 낳는데 문제가 생길까 봐 보호하는 거란다.'며 소를 애지중지하는 마음을 드러내 보이기도 했다.

아버지는 아침마다 외양간을 살핀다. 아침 인사로, '잘 잤나. 춥지는 않았고?' 입버릇처럼 인사를 하셨다. 소가 말을 알아듣는 듯 머리를 이리저리 흔들며 놋 워낭의 청아한 소리로 아침 인사를 주고받았다. 아버지는 새벽에 일어나서 정성을 담아 삶은 여물을 소에게 주었다.

김이 모락모락 나는 여물 위로 갓 찧어온 고운 쌀 등겨를 어머니가 골고루 뿌려주면 콧김을 내뿜으며 맛나게 먹던 그 모습은 지금도 정말 정겨운 풍경으로 남아 있다. 요즘에는 편하게 사료만 주는 시대로 변해 다시는 그런 모습을 볼 수가 없다. 당시 우리 집 암소는 여름에는 힘든 농사를 도맡아 했지만 겨울 한철은 암소와 송아지는 융숭한 대접을 받았다.

아버지는 평생 농사일을 하면서 암소와 벗처럼 살았다. 내가 도회지에서 생활하다 가끔 집에 가면 외양간에서 나를 맞아주는 암소는 점잖고 순했다. 어릴 때 보던 그 소가 몇 번이나 바뀌었는데도, 어릴 때 잡던 소고삐가 그대로인 듯했다. 아버지 심부름으로 소를 몰고 집을 나서면 가녀린 줄 하나만으로도 낯선 내 말을 잘 따라 주었다.

    그 옛날을 떠올리면 아직도 고향 집엔 내 유년이 쪼그리고 앉아 있는 듯했다. 아버지가 병환으로 자리보전에 들면서 우리 집엔 소가 없어졌다. 지금은 아래채 외양간으로 바뀐 자리엔 농기구들만 일렬종대로 줄을 서 있다. 우리 아버지 손때 묻은 덕석도 시간의 흔적을 뒤집어쓰고 빛바랜 모습으로 못 하나에 의지해 벽에 걸려있다. 언제인가 이 덕석도 없어져 덕석이 살아온 발자취마저 사라지지 않을까 하는 생각을 해본다.
    요즘 시골 동네에 고물장수가 자주 들어와서 오래되고 낡은 물건들을 몇 푼의 돈을 주고 거두어간다는 말을 들은 적이 있다. 이제 고향에 묵은 추억은 박물관에 가서 만나야 하는 웃픈 현실이 되어가고 있다.
    비알 밭을 갈아엎던 우리 집 씨암소의 겨울 신사복도, 열 식구 3대의 저녁상을 받던 멍석도 아련한 기억 속의 풍경으로만 남아있을 것 같다. 점점 고향이 낯선 마을로 변할까 봐 불안해진다. 도시인들이 하나둘 공기 좋고 경치 좋은 곳인 고향으로 들어와 새로운 터전을 잡아서 그런지 이유 없이 가슴이 먹먹해진다.
    점점 아버지 흔적은 사라지고 아픈 만큼 그리운 고향 집의 추억이 멀어져가고 있다. 두 해 전 우연하게 방문한 남해, 옛 농기구 수집가가 마련한 농기구 전시장을 구경한 적이 있다. 그곳에 우리 집 암소가 입었던 똑같은 덕석이 전시되어있었다. 쟁기, 탈곡기, 풍로, 삽, 호미 등등 전시물을 살펴보면서 사용한 지 반세기 정도밖에 안 지났는데도 모두가 하나의 유물로 전시되어 있는 모습이 나를 무척 안타깝게 했다. 그곳에 내 유년도 자리 잡고 있었다. 익숙하지만 낯선 현실 앞에 주춤대는 순간과 마주했다. 전시장 구석구석 아버지의 삶의 흔적이 살아 숨 쉬고 있었다. 멍석과 덕석을 만드시던 아버지의 거친 손이 전시장을 나서는 나를 향해 손을 흔들어 배웅해 주는 듯했다.

돌쩌귀

이른 아침에 남동생이 전화를 했다. '누야! 안방, 사랑방, 중방 문에 한지를 교체해야 하는데, 어떻게 하죠?' 하고 물어왔다. 밤새 고민했을 듯한 목소리로 아침 일찍 나에게 연락을 한 것 같았다. 다가오는 주말에 막내랑 가서 새로 문종이를 입혀주겠다고 말을 하고 전화를 끊었다.

동생은 청년 시절에 교통사고를 당해 장애인이 되어 살아가기에 혼자서는 한지를 교체할 수가 없었다. 고향 집에 어머니 돌아가신 지 4년이 지났다. 어머니 손길 닿은 지 4~5년이 지났다는 것은 그만큼 격자 문살 한지가 낡고 누렇게 변했다는 말이었다.

주말에 막냇동생이랑 고향 집을 찾았다. 호롱불 대신 환한 LED 형광등 불빛에 비친 동생의 모습을 떠올리며 대문 앞에서 자동차 클랙슨을 한번 누르자 한결같은 웃음을 지으며 우리를 맞아주었다. 집 안에 들어서자 '누야 왔니껴. 동생도 왔구나.' 하고 환하게 웃는 모습에는 와 줘서 감사하다는 마음이 담겨 있었다.

　고향 집의 나이는 대략 200년이 되었다고 어머니께서 말씀하신 적이 있다. 그럼 문설주나 돌쩌귀도 200살이 되었다는 것이 아닌가. 하루에도 수십 번씩 여닫는 저 수고로움을 묵묵하게 견디어 내는 돌쩌귀는 자기의 살점을 조금씩 갉아먹으며 살아간다. 문설주에 기대어 한 쌍이 짝을 이루어 살아간다. 오늘날에는 경첩이란 이름으로 많이 불리는 걸 보면 전통한옥이 많이 사라져가고 있음을 알 수 있다. 내 고향 집 안방에서 격자무늬 양문을 열면, 앞산이 눈 안으로 쏙 들어온다. 뷰가 정말 끝내줬다.

　막냇동생이 준비해 온 한지와 재료를 챙기는 시간에 나는 밀가루 풀을 쑤었다. 날씨도 우리 남매의 우애만큼 햇살이 두텁게 내려앉았다. 동생이 먼저 격자무늬 문을 떼어내어 마당에 눕혔다. 동생은 어머니 하시던 모습을 흉내라도 내듯, 물을 입속 가득 머금고 분무기처럼 푸우푸우 뿜어내 골고루 적시었다. 묵은 한지가 잘 뜯기게 하기 위함이었다.

　그런데 이게 웬일인가. 돌쩌귀가 너무 닳아서 뾰족했다. 그리고 녹도 많이 슬어 있었다. 나는 부엌에 있는 들기름을 가져와 돌쩌귀마다 충분하게 적셔주고 칫솔로 여러 번 문질러 주었다. 무쇠솥의 녹을 제거하는 이치를 흉내 낸 것이었다.

　200년 전에 1,600도 온도를 이기면서 만들어진, 무쇠 돌쩌귀가 아니면 지금까지 멀쩡하게 버틸 수 있을까. 성한 몸으로 격자무늬 문짝을 버티게 해 준 고마움과 반가움이 교차했다. 만약, 이 돌쩌귀가 고장 나면 수리할 곳도 교환할 곳도 없다. 문을 통째로 교체해야 할지도 모른다. 해마다 들기름을 먹이면서 무쇠를 달래가면서 사용해야겠다는 생각을 했다. 앞으로 200년은 거뜬할 것으로 내다본다. 고온을 이겨낸 무쇠는 천년을 견딜 수 있을 것이란 기대감도 가져 본다. 오늘날 경첩은 절대 흉내도 낼 수 없을 것이다.

돌쩌귀와 문설주에 고마워하며, 앞으로 격자 문살에는 일 년에 한 번씩은 한지로 새 옷을 입혀주고 돌쩌귀에는 갓 짜 온 들기름을 흠뻑 먹여 줄 것이라 약속을 했다. 여름이면 방마다 양문을 활짝 열어 앞산의 시원함을 불러들이고, 겨울이면 문풍지 사이로 바람을 몰아내 주는 일은 돌쩌귀가 모두 담당했다.

돌쩌귀는 200살의 나이를 먹어도 삐그덕 소리 나는 관절통이나 골다공증도 없다는 게 얼마나 다행한 일인가. 고마움을 새삼 느낀 하루였다. 커다란 격자무늬에 가려 돌쩌귀의 소중함을 미처 깨닫지 못했다. 한 쌍의 무쇠 돌쩌귀가 없었다면 한복의 마지막 옷고름을 매지 못한 격이 되었을지도 모른다. 돌쩌귀는 마지막 옷매무새를 다듬는 역할을 한 것이라는 생각이 든다.

동생과 함께 바른 한지, 풀을 문살에 골고루 바르고 둘이 마주 잡은 한지를 앙상한 문살에 입혔다. 햇볕에 초벌 마른 한지 위에 다시 물을 뿜어 주었다. 팽팽하게 붙게 하려는 어머니의 지혜를 동생이 대물림했다. 새하얗게 변한 문짝을 동생이 번쩍 들고 돌쩌귀 암컷에 맞추어 걸었다. 200년을 단짝으로 살아온 덕분에 여닫는 머슴지기 역할을 잘 수행하는 것을 확인했다.

  어머니 안 계신 고향 집 돌쩌귀는, 우리 집 대를 잇는 순서를 지켜보며 살았다. 할아버지의 할아버지부터 지금 동생이 살고 있는 가족사까지, 앞으로 누군가의 현재까지 함께할 것이다. 1,600도의 불을 이기고, 200살의 나이를 넘긴 고향 집은 안방 문 네 쌍, 중간 방문 네 쌍, 사랑방문 네 쌍, 사랑방 동창문 두 쌍, 이렇게 14쌍의 돌쩌귀가 지키고 있다. 나는 마음속으로 돌쩌귀와 '일 년에 한 번씩 들기름으로 돌쩌귀 건강도 돌봐 주겠다.'고 다짐을 했다.

물두멍

어릴 적 고향 집 정지 한편에 가부좌 틀고 앉아있는 늙은 항아리가 있었다.

할머니의 시할머니부터 사용하던 생명수를 담던 그릇이다. 고여 있어도 썩지 않는 물! 오늘날에 밝혀진 숨 쉬는 그릇으로 선조들의 지혜이기도 하였다. 우리 어머니는 물과 쌀, 잡곡들을 항아리에 보관하셨다. 농촌에는 추수한 농작물을 쥐나 족제비한테 뺏기지 않는 장소로 항아리가 안성맞춤이다.

장독대 숫자만 보아도 집집이 안살림 규모를 대충 짐작할 수 있었다. 머슴을 두고 있는 종갓집 집안은 커다란 장독대에 옹기옹기 자리 잡은 장류醬類만 해도 수십 가지가 되었다. 대대로 내려오는 씨간장부터 십여 년 동안 묵혀가면서 먹는 여유로움이 항아리 숫자만 보아도 일수 있었다. 그런 집은 가난하게 살아가는 여염집 아낙네들의 부러움의 대상이었다. 우리 집뿐만 아니라 많은 집들은 당시에 상하수도가 발달되어 있지 않아서 동네 한가운데 오래된 깊은 우물을 이용하였다.

　어머니와 동네 아낙들이 물을 길어오는 시간대가 비슷하였다. 새벽이나 해 저녁에 질그릇 버주기, 옹자배기를 머리에 이고 날랐다. 그러다 조금 발전해서 그것이 가벼운 양철통으로 바뀌면서 한결 머리의 무게를 줄일 수 있었다.

　우리 집 두멍은 아주 커다란 것이었다. 물동이로 15번 정도 날라 부어야 물이 가득 차면서 어머니 머리와 목덜미를 쉬게 했다. 그만큼 용량이 컸다. 그렇게 담겨진 물맛은 무척 좋았다. 오염이 되지 않고 두레박으로 퍼 올린 땅속의 생명수여서인지 모른다. 금새는 한 푼도 없었는데 부지런한 사람만이 누리는 행복이었다. 그 두멍은 부엌 한편에 앉아서 우리 가족의 생명줄을 틀어쥐고 있었다. 여름이면 시원한 물로 농번기 가족의 목을 적셔주었고 겨울에는 얼지 않을 정도의 온도를 유지해 주었다. 재래식 부엌으로 정지라 불리는 한쪽에는 아궁이가 있어서 물두멍은 기온이 영하로 내려가도 얼어 터지지 않았다. 그런 보관은 선조들의 지혜였다.

　겨울 방학이 되면 오빠나 남동생이 물지게를 지고 어머니를 돕겠다고 나섰다. 날씨가 좋은 날은 별 문제가 없지만 몹시 추운 날은 물을 지고 오는 동안에 출렁거리는 물통 위로 물이 넘쳐 땅으로 떨어지면 바로 얼어 버리는 일들이 비일비재했는데, 그 모습이 '북청물장수' 영화 같은 장면이었다. 그때는 나도 옹자배기 물을 담아이고서 오빠와 앞서거니 뒤서거니 집으로 돌아왔다. 오는 도중 앞선 물동이에서 떨어진 물들이 얼어서 미끄러운 길에, 어느 날 나는 발을 헛디뎌 넘어졌다. 다행히 크게 다치지는 않았다. 어릴 때 어른들이 하는 모습을 보고 해 보고 싶기도 하고, 어머니를 돕는다는 생각에 오빠와 같이 물을 길러 오다가 사고를 낸 것이다. 그때 내가 미끄러지는 순간 옹자배기는 물을 쏟아내면서 산산조각이 나버렸다. 옆 돌담에 부딪혀 아픈 팔의 고통도 잊었다. 어머니한테 혼날 생각에 잔뜩 겁을 먹고는 그 자리에 꼼짝도 못 하고 서 있었다. 그러자 오빠는 얼른 집으로 돌아가 어머니께 전했다. 한달음에 할머니와 함께 달려오신 어머니는 "어디 몸 다친 곳은 없나? 팔목이나 발목은 괜찮으냐?"며 겁먹은 나를 달래었다.

그러시면서 "왜 그리 하지 말라고 하는데 했느냐." 하셨다. 이 정도의 말씀으로 끝내셨다. 그리고는 할머니 손을 잡고 집으로 돌아와서 사랑방 아랫목에 쉬자, 할머니는 깨끗한 사발에 물 한 잔 떠와서는 "이거 마셔라. 혹시 멍들어도 맑은 물을 마시면 빨리 회복된다." 하셨다. 물두멍에서 떠온 한 사발의 물을 받아 마시고 땀이 나도록 한숨 잤다. 당시에 약도 귀하고 병원도 멀었는데 그러한 것은 할머니의 지혜인 것 같았다. 의학이 발달한 지금도 물을 많이 마시면 몸의 순환이 잘된다고 하니, 참으로 지혜로우셨던 것 같다.

그렇게 우리 집 정지에 물두멍은 여름에는 3일 만에 한 번씩, 겨울에는 5일 만에 한 번씩 청소를 했는데, 우물에서 물을 길러 오는 일은 예삿일이 아니었다. 항아리에 물이 가득 차면 부자가 된 듯 했다. 그러면서도 왜 우리 동네는 우물이 하나밖에 없는지 원망이 앞섰다. 농번기에 더욱 바쁘게 느껴지고, 농한기는 날씨 때문에 길이 미끄러워 가끔 넘어져 다치기도 했기 때문에, 집집마다 우물이 있으면 커다란 물두멍이 필요하지 않을 것이었다.

아무튼 쌀과 물이 들어 있는 항아리는 가족이 모두 소중하게 다루었다. 쌀과 잡곡은 창고에 있지만 물두멍은 항상 어머니와 함께하는 식솔처럼 여겼다. 시간이 지남에 따라 대대로 생명수를 품고 있던 우리 집 정지 물두멍은 이후에 자리 이동을 했다. 동네 집집마다 물 펌프가 들어왔던 것이다. 이후로 부엌 바로 앞에 앉아서 언제라도 원하는 대로 물을 퍼 올렸다.

어머니의 머리와 목덜미가 이제 좀 쉬게 되어서 참 다행이라 생각했다. 아무리 바쁜 농번기도 물 길러오는 시간과 수고하는 일이 없어지니 행복한 일이 되었다. 불과 몇 년 만에 변화무쌍한 시간은 펌프도 다시 이사 가게 만들었다. 이번에는 집집마다 상수도가 들어와 수도꼭지만 틀면 시퍼렇게 살아있는 물이 콸콸 쏟아졌던 것이다. 어머니는 이 좋은 세상을 한 번도 못 보시고 세상 떠나신 할머니를 그리워하셨다.

"어무이요. 이제 물 이고 다니는 일도 없고요. 이렇게 편한 세상 어무이는 못 살아 보셔서 죄송합니데이. 하지만 대대로 물려 내려온 저 물두멍은 소중하게 보관할게요. 어무이…."

그렇게 말씀하시던 우리 어머니도 세상 떠나셨다. 며칠 전 고향에 갔을 때 장독대 뒤편에 키 큰 물두멍은 뜨거운 7월 햇볕 샤워를 하면서 나를 향해 눈인사를 건네는 듯하였다. 순간 더운 여름날 물두멍 물 한 사발 들이켜시던 아버지 모습도 장독대 위로 아지랑이같이 떠오르며, 언제나 머릿수건 하시고 장독대 항아리들 청소하시던 환한 어머니 모습도 소낙비 그친 후 무지개처럼 떠올랐다.

바지랑대

'바람 부는 날 일기예보'

내 고향 산골에 일기예보를 알지 못하던 시절, 일기예보는 먼저 살고 간 어른들의 경험에서 나왔다. 바람의 세기가 바지랑대를 움직이느냐 움직이지 않느냐에 따라 일기를 예측했던 것이다. 또한 전날 밤 별자리만 보고, 이튿날 날씨를 점치기도 했다. 그러니 옛 어른들의 경험에서 나오는 지혜는, 현대의 과학을 능가할 수도 있다는 생각이 들었다.

어릴 적, 고향 집 넓은 마당에는 아래채와 마당 입구 감나무에 걸쳐 빨랫줄이 매어져 있었다. 어머니는 냇가에서 세탁한 빨랫감을 손으로 탈수하듯 툭툭 쳐서 빨랫줄에다 널었다. 바지랑대는 커다란 이불이나 한복 치마저고리의 길이를 맞추는 역할을 톡톡히 해내고 있었다. 아버지 두루마기는 유독 길이가 길었다. 그뿐인가 시사나 제사 때 입으시는 도포道袍자락은 또 얼마나 길었던가? 고향 집 마당 빨랫줄에는 곧은 참나무 껍질을 깎아서 만든 바지랑대가 있었다. 위쪽에서 아래로 두 뼘쯤 되는 부분에는 반드시 Y자 곁가지가 갈라진 나무를 사용했다.

참나무는 눈, 비, 바람에 잘 썩지 않는 결을 가지고 있기에 선호도가 가장 높았다. 고향 집 마당 빨랫줄에 바지랑대는 용도에 맞추어 항상 두 개가 준비되어 있었다.

아이들 옷이나 어른들의 보통 생활 옷은 짧고 가느다란 바지랑대를 사용했으며, 한복이나 이불 홑청을 세탁하는 날은 굵고 기다란 바지랑대를 사용했다.

아버지의 도포는 할머니와 어머니가 직접 길쌈을 매고 천을 짜서, 아홉 새*로 만든 최상의 안동포 도포였다. 일가친척 중 큰일이 있을 때마다 노란 도포자락을 휘날리며 걸으시던 아버지는 정말 멋있어 보였다. 요즘, 텔레비전 사극에서 보는 연기자들의 모습보다 훨씬 점잖으며 품위가 있었다. 머리에 흑립을 쓰고, 흰 고무신을 신고, 도포자락을 휘날리며 걸었다. 그 모습은 아버지 시대 고향 어르신들의 보통 모습이지만, 우리 아버지의 모습은 유독 돋보였다.

삼베를 메고, 천을 짜는 동안의 수고는 어머니 몫이지만, 멋있는 양반의 모습으로 호사를 누리는 이는 늘 아버지였다.

여름이면 길쌈을 하시는 할머니와 어머니께서 삼 껍질을 벗기면 반드시 빨랫줄에 걸었다. 워낙 삼 껍질의 길이가 길어서 바지랑대가 없다면, 마당의 진흙에 쓸려서 문제가 생겼다. 아버지께서 참나무 껍질을 깎아서 만든 바지랑대가 큰일을 해냈다.

  삼베 껍질 길이가 길어서 바람이 세게 불어 넘어지기라도 하는 날에는 낭패를 당하곤 했다. 어른 두 손으로 마주 잡는 만큼의 분량을 삼 껍질로 묶어서 빨랫줄에 널어놓는다. 바람에 흔들려 너울대며 춤추는 모습은 나름대로 멋지게 보였다.

  삼베 껍질이 바람과 작당을 한 듯 휘청댈 때면, 바지랑대는 절대 지지 않겠다는 오기가 발동한다. Y자 얼굴을 하늘로 치켜들고 바람과 맞서기를 할 기세다. 하나는 외로운 듯이 반대방향에서 Y자 얼굴이 찡그리고 바람을 누른다.

  출렁이는 삼베 껍질에 수분을 빼앗아 가는 역할은 바람의 몫이었다. 나름대로 본분에 충실하려는 모습이 마당 한가운데서 펼쳐지고 있었다. 그 싸움 중에 승자는 늘 삼베 껍질이다. 가벼워진 몸을 춤을 추듯 바람에 몸을 맡기면, 때를 기다렸다는 듯이 어머니께서 바지랑대를 비스듬하게 세운다.

"아이고 무신 날이 이렇게 바람이 세지."

어머니 혼잣말처럼 중얼거리시는데, 사랑방 격자문이 열리면서,

"에미야 삼 다 말랐나."

할머니의 말씀이었다.

"어맴요. 아직 그루터기 방향 묶어진 쪽이 축축해요."

"그러면 해 저녁에 걷었다가 내일 아침볕에 다시 널어라."

"예, 그렇게 하겠니더. 오늘 운 좋게 바지랑대가 한 번도 안 넘어

져서 깨끗해요."

여름이 오면 고향 집 마당 빨랫줄은, 무거운 삼베 껍질까지 건조하느라 허리가 휘어졌다. 우리 집 마당 바지랑대는 봄부터 겨울까지 쉬는 날이 없었다. 그래서 손잡이 쪽은 어머니 손때가 묻어 반질거렸다.

바지랑대는 농번기에 더욱 분주해진다. 보리 타작하는 날이나, 벼 타작을 하는 날이면, 키를 까치발까지 세워서 빨랫줄을 높이 올려주었다. 그래야 마당에 타작하는 일들이 순조롭게 진행되기 때문이었다.

농한기는 어떨까. 가을걷이가 마무리되면 무명 이불이 세탁할 차례를 줄 서서 기다린다. 안방 횃댓보부터 시작한 겨울 입성 준비는 어머니의 발걸음을 재촉했다. 빨랫줄 양쪽으로 펼쳐 걸어둔 중앙에 바지랑대는 어깨에 힘을 준다.

"내가 아니면 바닥에 쓸려서 엉망이 되지."

으쓱대는 모습이 바람을 업고 생색을 내고 있었다.

참나무의 야무진 결 따라서 바지랑대의 자존감도 여물어 보였다. 고향 집 앞마당에 어머니 손때가 묻어 바지랑대는 반질거린다. 오늘도 눈, 비, 바람을 알몸으로 막아내고, 어머니 안 계신 고향 집 텅 빈 마당과 빨랫줄을 지키고 있다.

* 새 : 삼베 피륙의 올 수를 세는 단위, 단위가 높을수록 삼베천이 고와진다.

씨아

이른 봄 택배 하나가 도착했다. 멀리 사는 친구가 보내준 선물이다. 반가움에 상자를 열어보니 생명들이 꼬물대는 봄의 전령사들이 들어있었다. 꽃모종 삼잎국화뿌리와 금화규 씨앗, 그리고 목화씨가 들어있었다.

내 어릴 적 고향 집 골목 어귀, 삼잎국화가 흐드러지게 피던 때를 떠올리게 하였고, 금화규는 생소한 꽃이라 인터넷을 검색하니 꽃, 줄기, 잎, 뿌리까지 식물성 콜라겐이라 매우 유용한 꽃이란 걸 알게 되었다. 목화씨는 내겐 낯익은 씨앗이다.

친절한 친구의 쪽지에 삼잎국화는 바로 땅에 심고, 금화규 씨앗과 목화 씨앗은 인터넷에서 심는 시기를 확인해서 심으라는 고마운 안내까지 택배로 배송되었다. 나는 지체 없이 텃밭에 삼잎국화 뿌리부터 심고 시간을 두고 금화규와 목화 씨앗을 심었다. 목화는 우리나라에 고려 말부터 가난한 살림에 보탬을 준 고마운 식물이었다.

우리 할머니 애장품 중 하나인 씨아*를 할머니께서 매우 귀하게 여기셨다. 가을에 목화를 추수해서 겨울 동안 무명천을 만드는 기초 단계가 목화씨를 제거하는 일이었다.

　씨아는 아버지의 솜씨로 만든 기구였다. 반드시 소나무로 만들었다. 두툼한 소나무로 커다란 목침처럼 만들었다. 몸체가 어림잡아 가로 길이 50cm 세로 길이 20cm 몸체 높이는 약 20cm 정도 되었다. 그곳에 두 개의 기둥을 세워 나무로 연결해 힘을 튼튼히 받게 하였다. 씨아의 본체에 연결된 목화받이는 두꺼운 송판처럼 넓게 켜 두툼하게 연결해서 분리된 씨앗은 뒤로 떨어지고 목화는 앞으로 모였다.

　목화씨를 분리하는 나무 두 개는 별 공간 없이 붙어있으며 손잡이까지 연결되어 물레 돌리듯이 돌려서 씨앗을 분리했다. 할머니께서 목화송이를 커다란 광주리에 담고 아침부터 밤늦게까지 분리하는 일을 하셨다. 식사 시간을 겸해 잠시 쉬는 시간이 주어졌다.

　'어맴요. 식사하시고 하세요.' 어머니의 당부에 할머니는 '그래 밥 묵자. 본디 묵고 살자고 하는 일인데, 그래도 추위 오기 전에 식구들 옷 만들 만큼은 준비해야 한다.'라고 하셨다. 할머니께서 일어서는 다리에 쥐가 난다고 엉거주춤 일어설 때가 자주 있었다. 할머니의 '아이고 내 다리야.' 이 소리는 다리가 매우 아프다는 뜻이었다. 그래도 손톱이 아프도록 하던 일이 씨아 덕분에 엄청 편리해졌다고 하시는 할머니의 독백 같은 말씀은 늘 한결같았다.

목화는 우리 가족의 특히 할머니, 아버지, 어머니께서 입으실 한복의 무명천을 제공해 주었고 추운 겨울밤 안방, 사랑방 북풍한설을 덮어주었다. 무명 이불 천과 이불솜으로 방 안의 바람을 잠재우는 고마운 존재였다. 검정색 무명천에 끝동으로 붉은색을 덧대어 무명실로 꿰매면, 이불 한 채 온전히 목화로 완성되었다.

긴 겨울밤 문풍지가 울고, 뒷산 참나무 나목들도 휘파람을 불어대는 추운 밤 방 안의 군불은 뜨겁게 달구어졌는데, 방 안에 코끝이 시리도록 윗바람이 거칠었다. 어린아이들은 무명 이불을 뒤집어쓰고 잠을 자는 게 일상이 되어버렸다. 아침에 일어나 면경面鏡을 바라보면 머리는 볏단 굴뚝에 처박은 듯 헝클어져 있었다.

일명 까치머리가 되어 등굣길 바쁜 아침에 난리법석을 일으키는 주범이기도 했다. 할머니는 감기 안 걸린 게 다행이라 여기시며 '아가들아 세수하고 손에 물을 묻혀서 머리를 쓰다듬어라. 그리고 빗질하면 반듯해진다.' 늘 당부의 말씀을 하셨다.

목화는 꽃부터 씨앗까지 인간들에게 고마움만 주는 식물이다. 꽃은 연노란색으로 피어 연분홍색으로 진다. 열매는 수줍은 듯 조금씩 웃는 듯이 하얗게 쏟아내는 게 목화다. 목화는 세 번 핀다. 연노란색 꽃 피어, 연분홍으로 지고 다시 하얀 솜 목화로 핀다. 씨앗은 하얀 피부에 주근깨같이 점이 박혀있다. 이 점들을 씨아가 성형을 한다. 목화 씨앗은 따로 모아 기름을 짜서 식용으로 사용하기도 했으며 가끔 오일 장날 어머니의 머리 손질에도 사용했다. 동백기름

대신 사용하기도 했다.

 우리 할머니의 애장품 중 으뜸은 단연 씨아였다. 아버지의 솜씨로 만들어진 손때 묻은 결이 살아 검붉은 빛을 띠며, 잘린 소나무 토막은 씨아로 부활했다.

 모진 추위를 막아주는 목화의 머슴이 되어 할머니, 어머니의 보물이 되기도 했다.

 지금은 박물관에 가야 만날 수 있다. 예전 추위의 방패막이가 목화였다면, 오늘날은 더위를 이기는 수단이기도 하다. 여름에 면 100% 옷은 어느 섬유보다 인간에게 친환경적인 여름나기 옷이다. 시간이 지나 사람은 변해가지만 건강의 중심에는 목화가 늘 함께 꽃 피어있다.

 *씨아 : 목화씨를 빼는 기구

얼기미

어느 지방자치단체 축제장인 난전에 온갖 생활용품이 전시되어 있었다. 밥주걱, 바구니, 도마, 젓가락, 숟가락 등 나무로 만든 주방용품들이 많았다. 농기구와 생활용품도 있었다. 키와 얼기미*, 고운체, 빨래판, 채반, 광주리까지 도시인들이 자주 접하지 못한 물건들도 꽤나 많이 보였다.

나는 고향이 시골이라 부모님께서 농사일을 하실 때 사용하시던 키와 얼기미, 광주리까지 내겐 무척이나 친숙한 얼굴들이었다. 상인이 일일이 무엇에 사용하는지 설명하지 않아도 알고 있었다. 가루체와 고운체, 얼기미가 반가웠다. 체의 용도는 달랐다. 고운체는 명절이나 농번기에 우리 어머니 가양주 거름망이 되어주었던 물건이다. 커다란 양푼 위에 참나무로 만든 시옷(ㅅ)자 나무다리를 걸쳐놓았다. 그 위에 고운체 올려놓고 고지바가지로 익은 술을 떠 체 안으로 쏟아 넣으면 뽀얀 막걸리가 좌르르좌르르 쏟아 내렸다. 어머니 얼굴에 웃음꽃이 필 때면, 사랑방에서 빈 입 다시는 아버지도 함박웃음을 머금으셨다. 막걸리 향기 풍겨서 당숙까지 합세하면 순간 막걸리 파티가 이루어지는 고향 집이었다.

생활농기구 주인은 추수마당이었다. 참깨, 들깨, 조, 타작마당에 곡식 검불은 갈퀴로 걷어내 버렸다. 굵은 곡식알은 풍구로 정리하고, 작은 알갱이들은 멍석 위에서 얼기미 체로 쳤다. 참깨, 들깨는 검불 정리가 잘 되어, 체로 치면 반들거리는 알곡만 남아서 농부 마음은 기쁨으로 넘실댔다. 조는 상황이 좀 달랐다. 조 알맹이마다 껍질이 붙어있어 쭉정이를 가려내기가 힘들었다. 어머니는 '조는 끈기도 없는 것이 까끄라기가 많다. 속 좁은 놈의 성질이 좁쌀만 하다.' 나락이나 보리, 밀, 알갱이보다 작아서 추수했을 때 수확량도 적어서 불만의 표현으로 궁시렁궁시렁거렸다. 고생만 하고 소출이 안 좋다는 뜻이었다. 오늘날에 웰빙 바람 타고 좁쌀 또한 잡곡으로 대접을 받고 있다.

나는 축제장에서 얼기미 하나를 구입했다. 테두리는 소나무로 둥글게 만들어 체망이 연결되어 있는 생활용기였다.

동생이 직장 다니며 주말을 이용해서 참깨를 심었는데, 추수하려면 반드시 얼기미 체가 있어야 했다. 5월 중순에 파종해서 8월 중순쯤 수확했다. 동생은 주말이 되면 텃밭에 나가 땀을 비 오듯 흘리며 농사를 지었다. 부모님 어깨너머로 배운 지식을 떠올리며 착실하게 가꾸었다. 하늘도 도와주었다. 햇볕도 비바람도 참깨가 자라는데 거름이 되어 주었다.

참깨 꽃은 쌍둥이처럼 피어 예쁘기도 했다. 무더운 날씨에 꽃 순을 따주는 시기를 놓치면 수확이 현저히 줄어든다. 장마가 오는 참깨 추수는 무척 힘들었다. 참깨도 보리 싹만큼 습기만 닿으면 싹이 빨리 발아했다. 다행하게 빈 비닐하우스가 있어 보관과 함께 말리는 수고로움은 덜어주었다.

우리 남매는 추수하는 날 선풍기로 쭉정이를 날리면 참깨까지 날아가 버리는 실수도 경험했다. 그때 당당하게 등장하는 도구가 얼기미다. 동생과 마주 보며 수확의 기쁨을 나누면서 얼기미의 소중함을 깨달았다. 모든 인간과 연장들이 제 소임을 다하는 자리에 있어야 빛난다는 것도 알 수 있었다.

그렇지만, 우리 어머니는 참깨 꽃의 아름다움을 감상할 여유조차 없었다. 보리타작 시작으로 여름 참깨, 가을 콩, 수수, 들깨, 나락까지 먹는 밥알 수보다 많은 일을 하셨다. 농번기 새참의 막걸리까지 빚느라 그야말로 고생보따리를 안고 사셨다. 어머니 살아 계실 때 창고 벽걸이에 나란히 걸려있던 고운체와 얼기미는 손때가 묻어 반질거렸다. 어머니 안 계신 고향 창고에 주인 잃은 얼기미, 손잡이는 세월의 흔적을 뒤집어쓰고 얼굴에 검버섯을 꽃피우며 걸려있다.

*얼기미 : '어레미'의 방언. 밑바닥의 구멍이 굵고 큰 체.

은비녀

얼굴 중앙 코를 따라 미간을 지나 올라가면 이마 위 풍성한 머리숱을 만난다. 참빗으로 정수리까지 가르마를 반듯하게 타 긴 머리를 뒤로 땋아서 틀어 올려 뒤통수에다 비녀를 꽂으면 쪽찐머리가 된다. 할머니의 할머니부터 어머니 세대까지 대물림해온 머리 모양이다.

어머니는 열다섯 곱디고운 소녀 시절, 이웃 마을 총각인 아버지께 시집을 왔다. 삼단 같은 머리를 올려 구리로 만든 비녀를 꽂으면서 여인으로 바뀌었다. 당시 유부녀는 붙들어 가지 않고, 처녀만 왜놈들이 정신대에 붙잡아간다는 소문이 퍼져 하룻밤 사이에 가난한 아버지께 시집을 오셨다고 한다.

외할아버지께서 일본에 정신대로 잡혀가느니 시집가는 게 낫다고 생각해서 서둘러 혼사를 정했는데, 그 당시 상황으로 보면 외할아버지의 결정이 탁월한 선택이라고 할 수 있다. 아버지께서는 집이 가난해서 신부인 어머니께 드릴 비녀를 값싼 것으로 준비했었다고 평생을 미안해하셨다.

　어머니의 머리는 수십 년 동안 모양이 변하지 않았다. 내가 태어나면서부터 본모습이 돌아가실 때까지 그대로였다. 그런데 약 십 년 주기로 비녀가 바뀌는 것 같았다. 어느 해 오일장에 다녀오신 어머니께서 새로 구입한 비녀를 보시면서 매우 기뻐하시던 모습이 지금도 눈에 생생하다. 당시 유행하던 비녀가 플라스틱 비녀였지만 색상이 무척 예쁘게 생긴 비녀였다. 어머니는 머리를 하루에 몇 번씩 빗는 듯 보였다. 비취색과 연두색이 반반씩 섞인 비녀를 어머니는 아끼셨다. 어머니의 시대는 헤어스타일이 따로 없고 멋을 낼 수도 없었다. 모두 비녀 하나로 머리 모양을 마무리 지었다. 검은 머리에 붉은 댕기를 함께 땋아서 두어 번 돌려서 비녀를 꽂으면 최고의 멋이 창출되었다.

　유행은 다시 바뀌어 스테인리스 비녀가 등장했다. 보따리장수의 언변에 넘어가 온 동네 여인들이 비녀를 구입했다. 어머니께서는 참깨 한 되로 새 비녀를 구입하곤 가볍다며 온 동네 여인들과 함께 기뻐하셨다. 오랫동안 사용하시던 스테인리스 비녀는 내가 직장을 다니던 해에 바뀌었다.

　어느 날 어머니로부터 전화가 왔다. 올해 딸이 은비녀를 사 주면 어머니가 무병장수하는 해란다. 딸 없는 아낙네들은 며느리가 대신 사주기를 은근하게 바란다는 풍문까지 나돈다고 했다. 어머니께 잘 알겠으니 시장에 나가 알아보겠다는 말을 전해 드렸다. 그리고 쉬는 날 귀금속 점포를 찾았다. 많은 사람이 은비녀와 은가락지를 찾는데 모두 딸들이 사러 온다고 했다. 상술과 유행이 맞물려 어머니의 말씀은 현실로 바뀌어 있었다. 나는 은비녀를 구입했다. 은비녀를 건네시던 사장님이 '어머니께서 아직 쪽찐머리를 하시나 보죠?' 하며 빙그레 웃으셨다. 은가락지를 많이 찾기는 하지만 은비녀 찾는 사람 숫자는 적다고 귀띔을 해 주었다. 요즘같이 변화가 잦은 시대에 아직 쪽찐머리로 살아가시는 분이 계신다니 참으로 신기하다는 듯 한참이나 나를 바라보셨다. 은비녀는 텔레비전 속 사극에서나 만나는 줄 알았다는 말도 덧붙였다.

은비녀 받아서 기뻐하실 어머니 얼굴을 떠올리며 우체국을 찾았다. 등기우편에 넣어서 보내드렸다. 3일 뒤 어머니의 밝고 환한 목소리가 수화기 너머로 들려왔다.

"아가, 은비녀 잘 받았다. 고맙다."

이웃들이 부러워한다는 말씀도 덧붙였다. 아들 많이 낳는 게 복이라고 했는데, 딸 없었으면 우짤 뻔했노라는 말씀에는 매우 흥분한 감정이 스며 있었다. 그 은비녀를 애지중지하시며 어머니 돌아가실 때까지 사용하셨다.

마지막 쪽찐머리는 병원 입원실에서 모양이 바뀌었다. 종합병원 5인실 입원실에는 별별 환자들이 다 모여들었다. 몸도 불편하신데 비녀까지 사용하시기에 불편함이 많아서 긴 머리를 자르기로 했다. 어머니는 아쉬움이 가득한 마음이라 가르마는 그대로 두고 비녀 꽂던 자리만 잘라서 다듬었더니 앞에서 보는 모습은 변함이 없었다. 머리 감을 때의 수고로움을 한결 덜 수 있었다. 그렇게 한 달을 병원에서 어머니 간호에 시간을 보내고 있던 어느 날 어머니께서 작은 가방에서 은비녀를 꺼내시더니 '아가, 네가 사 준 은비녀. 내가 죽으면 어미 보듯 간직해라.' 오랫동안 사용했더니 많이 닳았다라는 말씀과 함께 내 손에 쥐여주셨다. 내가 몇십 년 전 등기로 보내 드렸던 그 은비녀가 내 손으로 되돌아왔다. 이제 더 이상 어머니가 사용하실 일이 없다는 뜻이다. 그 당시 은비녀를 딸이 사 주면 오래 산다는 속설이 맞았는지, 어머니는 91세까지 건강하게 사시다가 약 10개월 정도 병원 신세 지시고 세상을 떠나셨다.

  어머니께서 열다섯에 어린 신부가 되어 아버지께 시집와 평생을 쪽찐머리로 사셨다. 어머니 마지막 길에 아끼시던 은비녀마저 손에서 내려놓으셨다. 가난한 시대에 태어난 죄밖에 없는데, 절약하시며 사시던 세월이 눈물 나도록 아픈 인생길이었다. 어머니의 몸이 마지막 종이 한 장만큼 가벼워졌다. 체념하신 듯 입원실 창문 밖 하늘로 향하는 눈동자는 세월의 무상함을 읽는 듯이 보였다.

  나는 지금도 어머니께서 주신 은비녀를 간직하고 있다. 어머니의 마지막 유품인 은비녀의 색상은 검게 변해 있다. 검게 변한 은비녀는 닦으면 빛이 살아나겠지만, 돌아가신 어머니는 되돌아오실 수 없다는 생각에 미치자 하염없이 눈물이 흘렀다.

디딜방아

　어린 시절 우리 집에는 3대가 함께 살았다. 우리 가족에게 각자 일 년에 한 번씩 찾아오는 생일날 아침상에는 백설기와 수수경단이 올랐다. 이런 상차림 받는 것은 무병장수를 기원하는 상징적인 의미가 담겨 있다. 그리고 우리 집 일 년에 5번 찾아오는 제삿날 밤, 제사상에 반드시 오르는 노란 콩고물로 만든 시루떡과 각종 경단, 봄 기제사에 가끔은 쑥절편이 올랐다. 이것은 어머니가 직접 찧어서 만든 것들이었다.
　디딜방아는 주로 쭉 곧은 참나무로 만들었다. 나무의 결이 단단하고 어느 정도 자라면서 가지가 예쁘게 갈라지는 것을 택했다. 나무가 Y자로 갈라져야 두 사람이 함께 발로 디딜 수 있기 때문이었다. 여름에 잘라서 만들면 나무의 결이 갈라지는 현상도 생기기 때문에, 반드시 잎이 떨어진 후 잘라서 껍질을 벗기고 그늘에 말려서 디딜방아를 만들어 사용하였다. 보통 방앗간은 아래채에 딸린 창고

쪽 헛간에 설치했다.

 어느 해, 할아버지 제삿날 할머니와 어머니가 찧는 디딜방아가 재미있어 보여서, 어린 나는 할머니께 졸랐다.

"할머니 저도 해볼게요."

"그래 네 어미 곁에서 한번 밟아보아라. 손잡이는 단단히 잡고 알겠지."

"네 알겠습니다."

 나는 작은 키에 매달리듯이 오른손은 손잡이를 잡고 왼손은 어머니 치맛자락을 잡고, 오른발은 디딜방아에 발을 얹고서 어머니 따라서 장단에 발맞추어 열심히 밟았다. 그때 어머니께서 하신 말씀 '네가 도와주니 한결 쉽구나. 어머님 제법입니다.' 돌확에 쌀이 갈리는 시간에 고부간의 주고받는 대화에서 멥쌀은 곱게 빻아져서 고운 가루가 되어갔다. 할머니께서는 방앗공이 올라갈 때마다 손으로 께끼질*을 아주 능숙하게 잘하셨다. 그렇게 하면 멥쌀은 골고루 고운 가루로 변해갔다. 그것을 고운 채로 커다란 스테인리스 대야에 체 쳐 고운 가루를 모았다.

 가끔은 쌀개*가 찌거든 소리를 내면 할머니의 지혜가 발휘되기도 했다. 우물물을 조금 떠서 입으로 한입 물고 분무기처럼 뿌려 주시면 웬일인가 싶을 정도로 신경 쓰이던 소리는 없어졌다.

"할머니 왜 그렇게 물을 뿌리세요?"

"오, 그래 나무가 너무 말라서 소리가 나기도 한단다."

라고 말씀하시자마자 신기하게도 소리가 안 들렸다. 전해져 내려오는 조상들의 지혜가 오늘날 발달한 과학보다 앞서는 경우를 더러 본다. 그 지혜의 대물림이 곧 과학이요, 훌륭한 경험이 아닐까 하는 생각이 든다.

 절구질이 익어가면 우리 할머니의 께끼질은 신기할 만큼 날렵해졌다. 방아채와 공이*가 올라가는 사이에 오른손을 돌확 속에 넣어서 뒤집어 모아놓고 손을 빼는 게 신기했다. 만약 늦어지면 공이에 맞아서 손이 엄청 크게 다칠 수도 있지만 재빠른 손놀림으로 능숙하게 일을 수행했다. 그 또한 할머니의 할머니부터 보고 익힌 기술이었다.

 이 디딜방아는 우리 가족의 생일상을 푸짐하게 만들어주는 고마운 기구였지만, 할머니와 어머니의 몸 고생을 대신해 주진 못했다. 멥쌀을 다 빻아 놓고 나면 볶은 콩을 절구질하기 시작했다. 콩은 한꺼번에 넣으면 둥글고 매끄러운 성질 때문에 밖으로 튀어나오기가 일쑤였다. 할머니의 지혜는 이때도 어김없이 발휘되었다. 불리지 않은 멥쌀을 조금 준비해 두었다가 몇 알씩 넣어주면 볶은 콩은 숨죽듯이 튀지 않았다. 나는 모든 게 신기했다. '나도 어른이 되면 저렇게 해야지.' 하면서 눈으로 익혔다. 콩가루를 만드는 과정도 멥쌀을 찧는 순서와 별반 다르지 않았다. 할머니의 손이 더욱 빨라진 것 외에는 모두 그대로 진행되었다. 할머니의 께끼질이 더 빠른 것은 콩이 매끄러워서 두 번씩 뒤집어 모아 줘야 하기 때문이다.

어느 정도 콩가루가 빻아지기 시작하면 고소한 냄새가 솔솔 퍼졌다. 지나가는 동네 이웃도 다 알 수가 있을 만큼 고소해진다. 오늘 우리 집 제삿날이요, 아니면 내일 아침 우리 집 누가 생일날이란 걸 광고하듯 했었다. 바로 그때 당숙모가 오셨다.

"형님 내일 누가 생일이에요?"

"그러네, 내일 아침 자네 사촌 시숙 생일이네. 식구들 아침 먹지 말고 우리 집으로 오게나. 뭐, 별거는 없어도 같이 한솥밥 먹자는 거지."

"알겠습니다."

대답과 동시에 내가 있던 그 자리에 당숙모가 서니 디딜방아는 한결 쉽게 움직여주었다. 우리 어머니께서 힘이 덜 들어 보였다. 나는 옆에서 그 모습을 바라보는데 디딜방아의 방아체가 올라갔다가 내려갈 때면 누구에게 인사하듯 보였다. 저렇게 공손하게 인사를 잘 하니 공이는 열심히 여러 곡식을 곱게 찧어주는 수고를 마다하지 않는구나. 사람도 누구에게 저만큼 공손하면 적이 생기지는 않을 듯하다는 생각이 들었다. 디딜방아는 육체의 노동을 사람에게 아낌없이 주면서 정작 자기는 오래될수록 쌀개가 삐거덕거리고, 불씨*가 닳아서 살이 없어지는 고통도 참아내고, 공이가 반들거리는 수만큼 아픔을 참아내었다. 반들거리는 게 그뿐만이 아니다. 디딜방아 다리*는 사람의 발이 닿는 곳이 참나무의 붉은 나뭇결이 드러날 만큼 닳아져 있어도 불평 하나 하지 않고 소신공양을 하듯 하였다.

그 당시에는 여러 곡식과 쌀가루, 고춧가루까지 모든 것을 찧어서 사용했다. 일철이 바쁜 농번기에는 아낙네들의 고생이 더 많아졌지만 어른들은 당연하듯 자식들 먹이는 일이다 보니 피곤한 기색을 보이시지 않으셨다.

요즘에는 찾아보기 힘든 광경이지만 가끔 텔레비전이나 박물관에서 볼 수 있는 디딜방아, 나에게는 추억이지만 우리 할머니, 어머니는 아픈 추억일 게 틀림없을 것이다. 얼마나 힘들게 살아오신 삶이었던가. 그 세대가 겪어내야만 했던 고생길 한 귀퉁이에 디딜방아의 수고가 쌀가루 부피와 콩가루 수만큼이나 그 삶이 고달프고 힘들었을 것이다. 지금 내가 어른이 되어 뒤돌아보니 아프게 아려 온다.

오늘날, 자식의 생일날 백설기와 수수경단을 직접 만들어 생일상을 차려주는 부모가 있던가. 장터에서 온갖 것이 풍족하니 돈으로 해결하는 세상이 왔다. 그래도 나는 우리 아이들 생일을 열 살까지 백설기와 수수경단을 만들어 상을 차려주었다. 우리 부모님처럼 디딜방아만큼 정성은 아니지만, 현대적 기계 방앗간에서 쌀을 빻아서 손수 만들어 생일상을 차려 준 적이 있었다. 이런 게 부모에게서 보고 배우는 것이라 생각이 든다. 기념사진 속에서 정성이 담긴 흔적을 찾아내면 내 자식에게 당당한 자세로 생색을 낼 만하다는 생각이 들었다.

디딜방아가 없어도 백설기와 수수경단은 시장 곳곳에 넘쳐 나지만, 할머니 께끼질 손맛은 아무도 기억하지 못할 것이다. 다시는 할머니의 손맛을 만날 수 없다는 것이 못내 안타깝다.

* 께끼질 : 방아 찧을 때, 찧는 것을 손을 넣어 뒤집는 일
* 쌀개 : 방아허리에 가로 맞추어서 방아를 걸게 되어 있는 나무막대기
* 공이 : 절구통이나 돌확에 든 물건을 찧고 빻는 기구
* 불씨 : 세운 연결 나무
* 다리 : 방아다리

연가 煙家

앞산이 뒷산을 돌아보고 웃고, 뒷산이 앞산을 바라보고 있는, 가을이면 굴참나무 잎이 샛노랗게 단풍들어 점잖은 선비의 얼굴 같아 보이는 고향마을이다.

무서리 내리는 가을부터 아침저녁으로 어김없이 아버지는 군불을 지핀다. 사랑채 구들방을 따뜻하게 덥히기 위해서 굴참나무와 소나무를 쪼갠 장작이 온몸을 소신공양하는 아궁이가 심하게 기침을 해댄다.

어느 해인가, 아무리 아궁이 속 깊이 장작을 넣어도 자꾸 불 혓바닥이 밖으로 날름거리며 토해내는 매콤한 연기가 아버지 눈물을 쏙 빼고 있었다. 기침까지 동반하는 연기 쓰나미였다. 반은 짜증 섞인 아버지 목소리에 우리 형제들은 아무 말도 못 하고 숨죽이고 있었다. 아버지는 뒤란의 굴뚝을 확인하느라 흰 무명 한복이 숯검정이 되었다. 기다란 장대에 수숫대로 만든 마당 빗자루를 촘촘 매달고 헌옷을 둥글게 입혔다.

　그리고 나무 사다리는 지붕을 의지하고 굴뚝 연가煙家*를 떼어내고 거꾸로 쓸어내고 있었다. 웬걸 이 무슨 변괴變怪인가! 아버지는 청소하던 중 놀람을 감추지 못했다. 여름 동안 굴뚝 안에 벌이 들어가 벌집을 지어 놓았다. 굴뚝 속의 침입자는 말벌들이었다. 어째 이런 일이 생기냐고 혀를 껄껄 차는 소리에 이웃에 사시는 당숙이 오셔서 '형님 조심하세요. 잘못 건드리면 큰일 납니다. 제가 장작불을 많이 피울 테니 살살 벌집을 떼어 버리세요.' 사촌끼리 손발을 맞춰 벌집 제거 작업을 하셨다.

　하지만 벌들도 만만하지 않았다. 때마침 옆집 어르신이 오시더니 '그렇게 하면 벌이 성난다. 불쏘시개에 불을 붙여 거꾸로 넣어야 한다.'며 갖가지 방법을 동원하여 벌집 퇴치에 꽤 긴 시간이 걸렸다.

　그동안 이웃들이 많이 찾아와서 말벌의 침범을 걱정해 주는 사람, 훈수 두시는 분 등 제각기 자신의 경험을 바탕으로 벌집 제거를 위한 조언을 해 줬다. 시골에 살다 보면 가끔 일어나는 일이다. 작년에 아랫집에도 이런 일이 일어났고 몇 년 전에는 뒷집 툇마루 밑에도 말벌집이 있어 제거했다고 한다. 이건 별일 아니라며 당숙아저씨는 몇 해 전 추석 벌초 때보다는 거저 먹기라고 했다. 당시만 해도 요즘처럼 기계가 없고 오직 낫으로만 벌초할 때인지라, 벌초하다 뱀이나 벌의 습격으로 인해 크고 작은 사고가 자주 일어났다.

　2년 전 어머니께서 병원에 입원하셨을 때 일어났던 일이 문득 생각난다. 한 달 동안 같은 병실에서 다른 환자들과 함께 있었는데, 여름 뱀에 물려 입원하는 환자가 많았다. 하우스 안에서 일하다 변을 당한 사람, 콩밭 풀 뽑다가 뱀에 물린 사람, 고추밭 밭머리에 일하다가 벌 떼에게 습격당한 사람, 지방 시 단위 종합병원이라 사람들이 사고를 당하면 치료차 입원을 했다. 뱀에게 물려서 온 환자들은 주로 손에 물렸는데, 팔 전체가 누렇게 변하고 퉁퉁 부어오르는 걸 보면 독사의 독이 대단하다는 생각이 들었다. 심한 사람들은 피부가 검게 변했다.

햇병아리인 2년 차 전공의 말이 아직도 잊을 수 없다. 이 병원은 도시병원에서는 거의 만날 수 없었던 뱀에 물린 환자가 많다고 말을 했다. 하루에 한 번씩 소독을 하며 치료가 이루어졌고, 보통 1주일간 입원하여 치료받고 다시 집으로 돌아가는 환자가 많았다.

아버지와 당숙 그리고 동네 어른들이 한참을 고생한 끝에 벌집을 잡았다. 벌집은 태우듯이 그을린 채 벌은 날아가기도 하고 날개가 타기도 했는데, 유독 하얀 생명체가 많았다. 육각형 아파트에 자리 잡은 애벌레들이다. 생명이라 생각하면 안쓰럽지만 사람을 해치는 독충이라 미련 없이 아궁이 속으로 넣어서 태워버렸다.

벌들은 어떻게 이런 악조건의 굴뚝으로 들어가 집을 지었는지 지금 생각해도 아이러니가 아닐 수 없다. 지금도 고향 집에서 저녁 군불을 지피면 굴뚝은 우등생 모자처럼 연기를 반듯하게 쓰고서 검은 연기를 한숨으로 내뿜고 있다.

세상 떠나신 아버지, 지금도 고향 집 아궁이 앞자리에 앉아 그림자 없는 몸으로 부지깽이로 불씨를 일으키는 아버지, 그 자리에 항상 우리 형제들을 지키고 계신다. 산골의 초가지붕 대부분이 개량기와로 변해도 제자리 지키던 연가는 몇 번씩 새것으로 바뀌었다. 지금은 아버지 손이 아닌 전문가 손을 빌려 연가의 옷을 바꾼다.

초겨울 저물 무렵이 되면 뽀얗게 피어오르는 연기 속에서도 기침 한 번 없이 우두커니 제자리를 지키던 고향 집 연가가 떠오른다.

* 연가 : 굴뚝의 꼭대기에 꾸밈으로 얹은 기와지붕 모양의 물건

모탕

　　물푸레나무 도낏자루가 반질거린다. 고향 집 앞마당 구석에 감나무 두 그루가 늙어가고 있었다. 동쪽에 대봉 감나무와 서쪽에 떫은 감나무가 여름이면 짙은 그늘을 선물해주었다. 나무 아래 평상은 우리 온 가족의 쉼터로 사용했었다. 감나무 그늘 구석에는 아버지가 사용하는 도끼가 항상 굵은 소나무 모탕* 위에 걸터앉아 있었다.

　　내가 초등학교 들어가기 전 일어난 일이다. 마당에 나무 장작이 항상 쌓여 있고 아버지는 농사일하시다가 짬이 나는 대로 장작을 팼다. 소여물을 삶고, 밥도 지어먹어야 하는 연료가 나무이기 때문에 늘 장작을 준비해 놓아야 했었다.

　　초여름의 농가는 무척 바빴다. 휴일이지만 부모님은 밭에 가시고 우리 형제들은 집 마당에서 놀이를 하면서 시간을 보내고 있었다. 내게는 오빠 둘이 있었는데 두 사람이 자주 다투었다. 아마도 나이 차이가 별로 없으니 장난과 심술도 비슷했다. 그 사이에 내가 항상 누구의 편도 들지 못하고 불편할 때가 많았다.

그날도 어김없이 장난으로 시작하여 싸움이 되었는데, 큰오빠는 대봉 감나무 맨 아래 가지에 걸터앉고 작은오빠는 떫은 감나무 가지에 매달려서, 서로 나에게 심부름을 시켰다. 나는 누구의 말을 먼저 들어 주어야 하나 어린 나이에 계산을 했었다. '그래 둘 다 같이 반반씩 들어주리라.' 혼자 생각에 나름대로 지혜를 짜 냈다. 그게 그날의 사고를 부를 줄 전혀 상상도 못 했다.

두 오빠 사이에 왔다 갔다 하는데, 서로 이쪽으로 오라고 난리법석을 떨고 있었다. 오고 가는 길에 모탕이 있고 도끼는 그날따라 누워있었다. 나는 어린 나이라 힘 붙이도록 뛰다가 모탕에 넘어졌다. 몸이 부딪히면서 도끼가 펄쩍 뛰어서 나의 발목 위를 찍었다. 지금 생각해 봐도 아픈지도 모르고 어머니, 아버지 오시면 혼날 것만 생각하면서 울어대기 시작했다. 붉은 피가 낭자하고 큰오빠는 밭으로 부모님께 알리려 내달리고, 작은오빠는 옆집 아저씨한테 내 동생이 다쳤다고 외치고 있었다. 옆집 마당에 계시던 아저씨가 담을 넘어와 보시더니 "아이고 많이 다쳤구나." 다시 담을 넘어 본인의 집에 있던 붉은 아까징끼를 가져와서 내 다리 상처에 부어주었다. 나름대로 치료하고 있는 도중에 얼굴색이 하얗게 변하신 어머니, 아버지가 도착했었다. 피와 아까징끼가 섞여서 도끼와 모탕이 붉게 피범벅으로 물들어 있었다.

어머니는 너무 급하시니 안방 횃대에 삶아서 손질해 놓은 옥양목 치맛자락을 찢어서 동여매주셨다. 옆집 아저씨께 감사의 인사를 하시고 나서, 오빠 둘에게 자초지종을 듣고 있을 때 오빠들은 분위기가 심상치 않다는 걸 느낀 것 같았다. 아버지는 아무 말씀도 없이 돌아서서 지게 작대기를 들고 "이놈들아 동생에게 그 따위 심부름을 왜 시키다가 이런 사고를 당하게 했나. 너희 두 놈 오늘 혼 좀 나 보거라."라고 말씀하실 때, 벌써 오빠들은 골목 입구까지 달아나 있었다.

산골 동네는 약국도 없으니 특별한 치료 없이 아까징끼 바르는 것으로 회복이 되었다. 상처가 아물고 난 다음 나에게는 커다란 훈장 같은 도끼날 자국이 남았다. 요즘처럼 교통이 편하여 시내 병원에 가서 치료를 제대로 받았다면 이런 흉터는 남지 않았을걸, 그래서 나는 처녀 시절에도 짧은 치마를 입지 못했다. 직장 다닐 때 그 사실을 아는 동료가 하는 말 "성형해라. 허벅지 살 조금만 떼어 수술하면 감쪽같아. 그리고 미니스커트도 입어봐."라고 말할 때마다 나는 "이렇게 살아도 불편함이 없다."라고 잘라 말했다. 사실 내 마음이 그러했다.

그러다 보니 바지 정장을 많이 입었다. 치마를 입으면 스타킹 값도 무시할 수 없고 경제적인 걸 선택했었다. 내가 뭐 비서실에 근무하는 것도 아니고 내 업무에 충실하면 되는지라 옷은 본디, 옷은 깨끗하게 세탁해서 깔끔하면 된다고 생각하는 게 나의 생활 철학이었다.

그 마음은 지금도 변함이 없다. 사람에게는 추구하는 생활방식이 다를 뿐이다. 어떤 이는 명품 가방을 좋아하고, 또 다른 사람은 비싼

옷을 좋아하고, 어떤 이는 수집이나 취미에 푹 빠지는 사람들도 있다.

이제 중년의 길목에서 뒤돌아보니, 내 다리에 난 흉터는 살아가는 데 불편도 아쉬움도 아니다. 그날에 흔적이 지워지지 않을 뿐이다. 우리 어머니 마지막 병원 신세를 지실 때 나는 한 달 동안 병원에서 간병을 했다. 병원 안에서 특별나게 할 일도 없고 어머니와 이런저런 어릴 적 고향 집 이야기를 많이 나누었다. 그때 많은 이야기 중에 도끼 사건이 나왔다.

어머니께서는 "요즘처럼 교통이 좋고 병원이 많았으면 너를 데리고 병원으로 갔을 텐데, 그때는 무식하게 치료했다. 미안하다. 흉터는 아직도 있지?"라고 하시면서 눈동자는 먼 고향으로 향하고 있었다. 나도 "엄마 나는 어릴 적 일이라 특별하게 상처는 없어요." 없는 것만은 못하지만 있어서 내 평생 살아가는 데 걸림돌은 아니라는 걸 스스로 알고 있었기에 불만은 없었다.

얼마 전 텔레비전에서 자연인으로 살아가는 한 분이, 엄동설한을 대비해서 많은 장작을 쌓아 둔 채 모탕을 중심 삼아 장작을 패고 있는 모습이 어릴 적 우리 아버지 모습과 많이 닮아 있었다. 마당가 감나무, 굵은 소나무 모탕과 아버지가 얼비쳤다. 장작을 쪼갤 때마다 도끼날에 닿는 소나무 모탕은 세상을 쪼개는 외마디 소리 대신 자기 살점을 조금씩 뜯어내던 모습이 자꾸만 떠오른다.

* 모탕 : 나무를 패거나 자를 때 밑에 받쳐 놓은 나무토막

4
참새잡이

두렁
둠벙
맥질
사름
시무나무
추잠
푸서리
피댓줄
힐조
깜부기
신갈나무
참새잡이
해밀
지우개
어머니의 길

두렁

　이른 봄이다. 머릿수건 한 아낙이 엎드려야만 눈을 맞출 수 있는 어린 쑥, 아낙은 사정없이 날카로운 칼로 목을 베어버린다. 아직 추위가 꼬리를 감추지 않고 있는 때다. 오후 한낮의 햇살이 좀 부드럽긴 해도 바람 끝은 매섭다.
　나는 오후에 강 둔치를 걷는 습관이 있다. 건강을 위해서 그날그날의 운동량을 채우는 게 일상의 숙제처럼 되풀이하고 있었다. 추위를 무서워하지 않고 고개 내민 봄나물이, 성미 급하고 부지런한 동네 아낙의 표적이 되었다. 아직 사람 손가락 마디보다 작은 여린 쑥은 지난해 묵은 북데기*에 숨어서 얼굴을 내밀고 있었다.
　또한, 새봄의 향수를 입에 물고 유혹하는 달래까지 쏙쏙 햇살에 세수하듯 얼굴을 말끔하게 내밀고 있는 강변 둔치다.
　이곳, 강변 둔치는 봄나물을 채취하기에 약간 불편했다. 경사진 언덕이기도 하지만 사람들의 발길이 많아서 청결하지 못한 것 또한 쉽게 접근할 수 없는 원인이 되기도 했다. 조금만 발길을 밭과 논으로 옮기면, 바스락거리는 마른풀 속에 생명이 꿈틀대는 소리가 귓전에 속삭임으로 다가왔다.

오랜만에 바람이나 쐬러 훌쩍 집 떠나 나를 만나러 온 고마운 친구와 논두렁에 걸터앉았다. 서울에서 온 친구가 던진 말 한마디다.

"아! 이 바람 맛이야. 폐 속 깊숙하게 빠져드는 맑은 공기 맛, 색깔은 파란색 같아."

공기의 맛과 색깔까지 만들어 내는 친구의 눈동자 속에 봄이 푹 빠져있는 것 같았다.

"친구야 쑥으로 뭘 만들어 먹어야 가장 맛있냐?"

"글쎄, 나는 어린 쑥은 깨끗하게 손질해서 된장국을 끓여 먹는다."

"쑥국이 아니고 된장국이라고?"

"그래, 쑥은 자라는 크기에 따라서 음식이 달라진단다."

라고 말하면서 쑥으로 만들 수 있는 몇 가지 음식을 소개했다. 내가 농촌생활의 전문은 아니지만 작은 텃밭을 가꾸면서 터득한 지혜였다.

"친구야 봄에는 쑥이 좀 더 자라면 도다리를 넣고 국을 끓이는데 제철의 봄나물과 생선이 합쳐져 영양 면에서도 한결 몸 보양이 된다고 하더라. 쑥이 더 자라면 낫으로 쓱쓱 베어서 끓는 물에 한번 데치면 쑥떡의 재료가 된단다."

"그럼, 논두렁에 풀인지 나물인지 어떻게 구별하나. 농부들의 손이 그냥 쑥이 다 자라도록 가만히 둘까?"

친구의 질문에 나는 아는 대로 대답을 했다.

"본래 두렁은 꼭 농사짓는 논에만 있는 게 아니야."

"묵밭 묵은 논두렁에는 쑥이랑, 달래랑 씀바귀까지 많이 나는 법이란다."

걸터앉은 두렁에서 친구와 나는 많은 대화와 함께 작은 우주를 발견하기도 했다. 시간의 공전으로 계절이 변하면서 철에 맞는 풀이 돋아나고 자라나는 것, 또한 작은 우주의 퍼즐조각이라는 생각이 들었다. 풀벌레와 곤충까지도 아우르는 공간이면서 생명의 자궁 역할을 톡톡히 해내고 있다는 걸 알았다.

우리 둘은 어린 쑥을 뜯기는 했지만 어쩐지 그 양이 불어나지 않았다. 바람의 성깔이 매서운 걸 달래면서, 멀리서 찾아온 친구에게 봄을 한 줌이라도 더 안겨 보내고 싶어서 한나절 품을 팔아가면서 봄나물을 채취했다. 쑥은 묵밭의 두렁 억새풀 북데기 안에서 숨바꼭질하듯 쪼그리고 있어서 쉽게 발견하지 못할 때도 있었다.

"친구야 농촌은 풍요롭구나. 도시는 이런 구경을 할 수가 없어, 시장이나 마트에 나오는 나물은 도대체 출생지가 어딘지 알 수가 없단다."

그렇지, 논인지 밭인지 길섶인지 농약이 얼마나 스며들었는지, 내 친구처럼 도시인의 밥상에 오르는 채소와 나물은, 그 이력을 농민만 아는 사실이 슬픈 현실이기도 하다고 말해주었다. 요즈음 논두렁과 밭두렁에 제초제를 사용하는 사람들이 많아져서 청정한 봄나물이 점점 사라져 가고 있다. 친환경이란 이름표나 유기농이나 저농약으로 농사짓는 논밭 두렁에는 비교적 안심이 가지만, 역설적이게도 봄나물이 자라는 억새 북데기에서 숨바꼭질하지 않아도 되는 일도 많아지고 있으니 다행한 일이라고 말하면서 마주 보고 웃었다.

햇살도 우정만큼 두텁게 내려앉은 시각, 작은 소쿠리에 어린 쑥은 수줍음 가득하게 소복이 쌓여있었다. 오랜만에 찾아온 친구와, 어릴 적 종다래끼 메고 들로 산으로 다니던 시간을 축지법으로 시간을 당겨서 추억을 되새김질했다. 오랜만에 정말 행복한 시간을 나누었다.

내가 가진 텃밭 두렁에도 봄이면 온갖 봄나물이 순서대로 세상의 문을 열고 나온다. 냉이가 고개 내밀고 쑥과 씀바귀 달래까지 질서를 어기지 않고 순서대로 봄을 찾아온다. 나는 멀리 가지 않고도 봄을 만나는 게 축복처럼 느껴질 때가 있다. 아니 한없는 축복이다.

천릿길을 달려온 친구를 위하여 두렁마다 속도를 위반하면서까지 얼굴을 내밀어준 봄나물이 오늘따라 정말 고마웠다. 돌아가는 친구의 손에 이른 봄을 한 움큼 쥐여 보낼 수 있어 두렁에서 만난 봄에게 감사의 인사를 전하고 싶은 하루였다.

*북데기 : 짚이나 풀 따위의 엉클어진 뭉텅이

둠벙

'뭇 생명들의 공연장, 진정한 자유공화국이 둠벙이다.'

내 어릴 적 고향마을에 놀이터가 없었다. 산골마을 언덕배기나 비알밭, 논두렁과 밭두렁이 모두 마을 아이들의 놀이터가 되어주었다. 가끔은 날씨가 놀이 공간을 정해 주기도 했다.

봄에는 꽃들의 합창소리에, 고삐 풀린 송아지마냥 들로 산으로 꽃 피는 소리에 취해 달렸다. 여름은 초록의 군무가 춤을 추고 작은 생명들은 땡볕 아래 종족 번식 본능에 열중하는 계절이었다. 가을은 갈무리하는 마음을 저축통장에 하나씩 숫자를 늘리는 풍성함으로 채워갔다. 겨울은 온 우주가 피곤함을 풀어주듯 곤한 잠에 취해 있었다.

우리 집 밭과 논으로 가는 길옆에 다랑이 논들이 옹기종기 엎드려 있고, 비알밭 가장자리마다 웅덩이를 거느리고 있었다. 집집마다 농업용수를 준비해 둔 물 저축 통장 같았다. 연못은 좀 더 많은 물을 가두어 놓을 수 있는 데 비해 넓은 면적을 차지하고, 작은 웅덩이는 곳곳에 손쉽게 만들 수 있는 작은 둠벙이라 필요한 때 유용하게 쓸 수 있는 소규모 연못이다. 기생하는 생명들은 언제나 자연 속에서 축제를 여는 것처럼 보였다. 가뭄이 와도 뭇 생명이 목숨에 아무런 지장을 받지 않고 넉넉히 살아갈 수 있는 특권을 누렸다. 어린 시절 고향의 논과 밭에 농약을 뿌리지 않아서 곤충과 미생물까지 더불어 건강한 삶을 누리며 사는 시절이었다.

둠벙을 에워싼 생명들 중, 팔을 늘어뜨린 찔레나무와 버드나무가 있고, 감정 없이 속이 빈 갈대, 속새 풀은 까칠한 병정들처럼 보였다. 키 큰 풀들은 수초로 감아올린 스카프로 멋을 내고, 삼복의 뜨거운 온천탕에도 아랑곳하지 않는 소금쟁이는 물의 피부를 살짝살짝 밟으며 걸었다. 쓰르라미 노랫가락에 맞추어 물방개의 검은 양복이 반짝거리는 모습은 마치 말쑥한 차림의 신사처럼 품격이 느껴졌다.

여름 오후가 졸고 있을 때, 모시적삼 멋 부린 잠자리는 발레리나 흉내 내며 춤추는 날렵한 맵시와 사뿐하게 착지하는 모습이 나를 반하게 했다.

비 오기 전날부터 청개구리 떼창 소리가 끄무레한 날씨와 어우러져 음산하기도 했다. 농촌 아이들은 사나운 동물보다 귀신 이야기를 더 무서워했다. 천둥 치기 직전 날씨는 갑자기 어두워진다. 연못이나 둠벙 쪽에서 소복 입은 귀신이 나올 것 같은 분위기일 때도 있었다. 어린아이들은 천방지축 뛰어놀다가 하늘빛이 어둡고 천둥소리가 나면 누가 먼저랄 것도 없이 모두가 집으로 달음박질을 쳤다. 비에 옷이 젖는 것은 대수롭지 않았다. 어른들 이야기에 단골로 나오는 물귀신이 더 무서웠다.

　여름철 납량특집으로 들려주는 우리 할머니 이야기 중에 제일 많이 등장하는 게 연못의 귀신이었다. 비 그치고 나면 연못과 둠벙 위, 느개가 하얗게 피어오르면 멀리서 바라봐도 무서운 생각이 들었다. 할머니 이야기 속 귀신이다. '하얀 소복에 긴 머리 풀어헤친 처녀귀신이 제일 무서웠다.' 눈에 보이기 전에 마음의 눈으로 보는 무서움이 내 몸을 지배할 때가 더 많았다. 농촌 아이들은 심성이 여려서 무서움도 많이 탔다. 어디에서 놀던 무리 지어 뛰어다녔다. 그래서 농작물을 훼손하는 일도 가끔 있었다. 어른이 야단을 치면 서로 농작물을 해친 주범을 숨겨주다가 한꺼번에 벌을 받기도 했었다. 한 명이 울면 단체로 울음바다가 되는 일도 종종 일어났다.

　여름 한낮 비가 내리면 청개구리, 두꺼비 합창소리에, 손뼉 치며 환호하는 달팽이 우렁이 신이 나 춤까지 추었다. 평화로운 공화국에서 가끔 공포에 떨기도 한다. 뱀의 습격을 당하는 날이면 생명들은 하나둘 젖 먹던 힘을 다해 달아나는 모습을 본다. 미물인 곤충이나 동물들도 약육강식의 먹이사슬에 의해 자연이 보존되는 것은 아닐까 하는 생각이 들었다. 어디서든 강자의 횡포는 약자의 희생을 요구했다. 숲속이나 풀 속도 밭두렁 논두렁 공간이 존재하는 곳이면 질서는 그들의 방식대로 지켜지고 있었다.

'작은 둠벙은 우주다.'

이 작은 공간에서 숨을 쉬는 생명들은 모두가 질서를 지켜야 하며, 자연의 법칙에 순응해야 공존할 수 있었다. 어둠에 업혀서 내리는 밤이슬은 가뭄 속의 단비로 풀과 곡식의 생명수로 닿는 곳마다 생명을 연장시켜 주었다. 어둠 속 신사인 반딧불이가 곡예비행을 하면 야생의 생명들이 손뼉을 쳐주었다. 자연이 잠을 자고 있는 공간에 반딧불이는 제 영역을 헤엄치며 어둠을 뚫고 비행을 했다. 살아있다는 증거다. 작은 우주 속 어둠의 무대를 즐기는 반딧불이가 살아가는 곳, 그곳이 내 고향이다.

맥질

　봄의 따사로운 볕살은 무엇이든 다 말리는 제습기다. 어릴 적, 고향 집 농사는 가짓수가 많았지만, 그중에 우리 집은 고추 농사와 잎담배 건조가 일 년 중 가장 많은 수입을 올리는 작물이었다. 고추와 잎담배는 음력설이 지나면 작은 하우스 안에 씨종자를 뿌려 놓고 하우스 지붕에다 보온용 볏짚 덮개를 씌워 놓았다. 요즘에는 방한 농사 자재가 많지만 그때는 비닐 하우스가 유일했다. 햇살이 따뜻해지면 볏짚 덮개를 내려주면서, 저녁이 오기 전 다시 씌워주는 번거로움이 있었다. 하지만 아무도 귀찮다 하지 않고 햇살을 최대한으로 받고 보온을 유지하기 위해 어른들은 잎담배와 고추 모종을 갓난아기 돌보듯 했었다.
　한더위에 수확을 하는 농작물이기 때문에 아이들의 여름 방학과 맞물려있었다. 찌는 듯한 무더위에 수확한 잎담배는 얼마나 힘이 드는지, 그 당시에 나이 어린 우리 형제들과 친구들은 잘 알지 못했다.

그냥 마냥 친구들과 함께 놀 수 없는 것에 불만이 많았던 때였다.

일명, 황초굴*이란 커다란 집 한쪽 벽과 건너편 벽에 줄을 묶어 잎담배를 새끼줄에 엮어서 말렸다. 새끼줄에 잎담배를 엮으면 학생들도 알바하는 날이었다. 잎담배를 새끼줄 하나에 엮는 데 2원 정도 했다. 5줄만 엮으면 간식비가 되는 날이라 동네 아이들이 서로 하려고 했었다. 그리 힘이 드는 일도 아니었다. 잎담배 두 장을 가지런히 새끼줄 사이에 끼우는 일이었다. 초등학생들도 거뜬히 해내는 알바였다. 그때면 누가 더 많이 잎담배를 엮는지 내기까지 하면서 이집 저집 도우면서 용돈을 벌었다. 그런대로 쏠쏠한 재미도 있었다. 모두 다 정리가 되면 어른들이 황초굴에 매달아서 불을 지핀다.

나무는 참나무나 소나무 장작으로 약 5박 6일 불을 지피는 고추는 안동포 껍질 벗긴 삼대를 엮어서 만든 커다란 발을 사용해서 말렸다.

황초굴은 뼈대는 목재이고 진흙 벽돌을 만들어 쌓고 진흙으로 벽을 덧칠했다. 그래서 해마다 겨울이 지나가면 아버지는 산언저리의 진흙을 날라다 벽을 바르는 일이 연례행사처럼 이루어졌다. 진흙 자체도 보드랍고 접착력이 강하지만, 우리 아버지와 동네 어른들은 일년 동안 떨어져 나간 곳을 찾아 보수를 하는 것이 제일 먼저였다. 가끔 겨울 동안 쥐구멍이 생긴 곳도 있고, 비바람에 주먹만 한 흙덩이가 벽에서 떨어져 나간 곳도 생겼다.

아버지는 일을 시작하시기 전 황초굴을 위에서 아래로 일일이 살펴보시고, 수리할 곳을 먼저 찾아서 구멍이 생긴 곳은 진흙의 농도를 잘 조절해서 단단하게 메우고 하루 정도 자연 바람과 햇살에 건조가 되길 기다렸다. 튼튼하게 엉겨 붙은 진흙 벽을 확인하신 뒤 슬슬 황초굴 안과 밖의 벽을 맥질*하기 시작했다.

커다란 고무 대야에 진흙을 넣고, 어제 받아 놓은 물을 부으면 기다란 막대기 끝에 볏짚을 돌돌 말아서 만든 짚 망치를 진흙물에 적신다. 일단 볏짚 망치에 진흙물이 흠뻑 스며들 동안 기다리는 시간이 필요하였다. 그런 시간이면 이웃집 아저씨도 여럿 분이 오셨다.

"아제요. 형님요. 오늘 맥질하는 날입니까."

"그러네, 날씨가 화창하고 바람이 부는 날이라 흙이 잘 마르겠지."
라고 서로 주고받는 이웃 간의 대화가 해마다 비슷하였다.

아버지께서

"자네, 황초굴 맥질은 언제로 잡았나?"

되묻는 질문에 아저씨는

"저는 아직 흙을 구해오지 못해서 며칠 있다가 할 예정입니다."

그 사이에 볏짚 망치는 진흙물을 흠뻑 삼키고 금방이라도 토해 낼 듯했다. 아버지께서 망치 나무 손잡이를 들어 올리면 잿빛의 부드러운 머드팩이 만들어져 있었다. 일 년 동안 비, 바람에 씻기고 깎인 벽면을 분칠하듯 발라주는데, 아버지께서는 사다리를 이용해서 높은 곳에는 양동이에 흙물을 넣어서 사다리에 메어놓고 작업을 시작했다. 아래에서 쳐다보는 이웃 아저씨는 이미 감독관이 되어있었다.

"아제요. 오른쪽으로 몇 번 더 칠하세요."

지상의 감독 말소리에 맞추어, 아버지는 열심히 흙칠을 하셨다. 흙물이 없어지면 양동이는 새끼줄에 매달려 지상으로 내려왔다. 아저씨는 흙물을 가득 담아 아버지께 올려보내고 누가 먼저랄 것도 없이 그렇게 무언의 품앗이가 자연스럽게 이루어졌다. 높은 사다리 위에서 작업하시는 아버지도 힘들어 보이고 지상에서 고개를 내리지 않고 쳐다보면서 감독하시는 아저씨도 함께 애를 쓰는 작업이었다. 그때, 아버지께서 '봐라, 이제 빠진 데 없나?'라고 하시면 '네, 깔끔하게 마무리되었습니다. 올해 잎담배와 고추 농사는 걱정 없겠습니다.' 하고 아저씨는 응수하셨다.

어느 해는 아버지 맥질 작업 중에 느닷없이, 일기예보에 없던 비가 내려서 힘들게 마무리한 맥질을 다시 해야만 했었다. 요즘 시대에는 시멘트로 집을 지어서, 일 년에 한 번씩 손질을 해야 하는 수고로움이 없지만, 친환경적으로 건조한 집이나 창고는 해마다 맥질을 하느라 여간 힘들지 않았다. 일 년에 한 번씩 사람의 수고를 부르지만, 지금의 아토피와 같은 질병은 전혀 생기지 않았다. 우리 아버지는 껄껄껄 혀를 차시면서 '자연을 이길 장사가 누가 있나 다시 해야지 불편하고 힘들지만 그래도 다행인 건 바람이 한쪽으로 불어서 반대편 벽은 괜찮구나.'라고 하시며 볏짚 망치와 무명 바지저고리가 흙탕 범벅이 되도록 고생을 하셨는데도 불평 없이 '제발 이번 맥질이 다 마를 때까지 비가 내리지 말아야 하는데.' 혼잣말처럼 되뇌셨다.

그러면서 높은 꼭대기 지붕 처마 아래를 가리키면서 '저기 제비집이 있었어, 건드리지 않고 상처 주지 않으려고 작업하느라 조금 불편했어. 제비도 살자고 먼 길 와서 새끼 쳤는데.'라고 말씀하시는 모습에서 고생보다 뿌듯해하시는 표정을 읽을 수 있었다. 배고프면 밥 먹듯이 당연한 일을 끝냈다는 모습이었다.

"이제, 잎담배와 고추 말릴 철이 되어도 한결 여유가 있겠구나."

라고 하시며 이웃 아저씨랑 저녁상에 막걸리 한잔을 약속하시며, 올해의 맥질은 무사히 끝났으니 다행이라는 얼굴로 이마에 맺힌 땀을 주먹으로 훔치셨다.

고향 집 황초굴은 어깨가 허물어진 채 남아있는데, 아버지는 지금 사다리로는 닿을 수 없는 먼 하늘나라에 계신다. 황초굴 앞에만 서면 진흙물처럼 끈적한 눈물이 내 볼을 타고 흘러내린다.

* 황초굴 : 잎담배 건조장
* 맥질 : 벽의 표면에 잿빛의 부드러운 흙을 바르는 일

사름

내 작은 텃밭 이웃에 있는 논에서 큰 소리로 다투는 소리가 들렸다. 건장한 남자와 중년의 여자가 언성을 높여 서로 언짢은 낯빛을 마주하며 험한 말을 주고받고 있었다.

며칠 전부터 모내기를 시작했다. 밭작물과 다르게 논농사는 물과의 전쟁이다. 벼를 심기 위한 무논을 만드는 과정부터 농부들은 물싸움이 시작되었다. 충분한 양의 물을 확보해야 모심기가 편리하기 때문이다.

어렵사리 모내기를 다 끝내고 돌아서면, 다시 논물 조절을 잘해야 심어놓은 모가 물 위에 뜨지 않고 뿌리를 잘 내려 풍년을 약속받을 수 있기 때문이다. 논에 물이 너무 많아도 심은 모가 뜨고, 너무 부족해도 활착에 문제가 생긴다.

며칠 사이, 벼를 심은 이웃끼리 낯 붉히는 일이 자주 일어났다. 어린 모를 심고 적당한 물과 햇볕이 도와주면 약 7일에서 10일 사이에 사름*이 잘 되기 때문에 이 시기에는 논 주인들의 날카로운 신경전이 시작되었다.

오전에 한 번 오후에 한 번 오토바이로 순찰을 하는 아저씨와 이웃 논 주인인 아주머니의 싸움이었다. 먼저 아주머니가 도착해서 물꼬를 보고 있을 때, 아저씨가 목소리 높여 욕을 섞어가면서 아주머니를 향해 삿대질까지 했다.

"이봐요. 아지매 물길을 열어주어야, 우리 논에도 물이 들어가 모가 뿌리를 내리지, 이렇게 본인 농사만 생각하면 됩니까?"

이웃 아지매도 질세라

"이봐요! 아저씨 내가 논에 나오니 벌써 물길이 열려있어서, 우리 논은 물이 없어 갈라진 묵처럼 변해 있었어요."

오가는 언성이 서로 양보는 없고 고성이 무서울 지경이었다. 아주머니의 반격이 시작되었다.

"아저씨, 우리 모가 먼저 심었는데, 물이 부족해서 아직 사름이 안 된 듯해서 내가 물길 좀 열어놓았습니다. 서로 물길 나누어 사용하면 안 됩니까?"

"아지매요. 우리 논의 모가 어려서 물이 많으면 사름 전에 뿌리째 뜹니다. 물길 좀 열어 둬서 흘러 보내야 안전합니다."

아주머니의 반격에 다시 아저씨 항의가 시작되었다. 옆에서 들어본 나는 도대체 이해가 잘 되지 않지만, 두 사람은 매일같이 비슷한 광경을 연출하곤 했다. 그리고 모두 나에게 자신의 입장을 자세하게 설명하기도 하지만, 결국 상대방을 비방하는 말들이었다. 나는 말하는 상대에게 이야기만 들어주고 웃기만 해 줄 뿐 내가 나설 자리는 아니라는 걸 알고 있었다.

두 사람이 같은 마을에 살면서 벼를 심어 놓은 뒤, 해마다 같은 일들이 일어나면서 그 시기가 지나가면 다시 무슨 일이 있었냐는 듯 잘 지내는 모습 또한 농사짓는 이웃이 아닌가 하는 생각이 들었다.

나는 얼마나 다행인가. 내가 저 싸움 중간에 있지 않는다는 게. 옛 어른들이 '사는 곳 이웃도 잘 만나야 하고, 농사짓는 전지田地 이웃도 좋아야 일하는 육체노동보다 마음의 상처를 받지 않는다.'고 한 말이 불현듯 떠올랐다.

어릴 적 고향 마을 집성촌에도 다랑이논 농사철이 되면 물 부족 현상이 많았다. 그래도, 그 시절은 아무도 자기 논에 먼저 물길을 여는 사람은 없었고 위 논에서 아래로 물이 흐르는 이치대로 맞추며 농사를 지었다.

다행하게 나는 벼농사를 짓지 않고, 조그마한 텃밭을 가꾸는 터라 이웃들의 쉼터처럼 이용하는 밭이다. 하필이면 나의 텃밭머리에서 싸우는 게 좀 짜증이 났지만 양쪽의 말을 들어보면 서로 이해는 할 수 있는 일이었다. 어느 한 사람 편을 들 수가 없지 아니한가. 모를 심어놓고 안전하게 사름이 될 때까지 갓난아이 다루듯 해야 한다. 뿌리를 잘 내리려면 햇볕과 물과 주인의 정성이 합해져야 일 년 벼농사의 기초가 다져지기 때문에 해마다 이맘때쯤 이웃 간에 신경전이 날카로워질 수밖에 없다.

물길이 더 좋아져서 모내기부터 사름까지 이웃 간에 날카로운 신경전이 더 이상 없었으면 하는 마음이다. 무사히 사름을 지나 땅심을 맡은 푸르른 벼들처럼 이웃끼리 오순도순 어깨를 겯고 행복한 삶을 펼쳐갔으면 하는 바람을 가져본다.

* 사름 : 모를 옮겨 심은 지 4~5일 지나서 모가 완전히 뿌리를 내려 파랗게 생기를 띠는 일. 또는 그런 상태

시무나무

　고향 마을 밭과 논 경계목, 참새와 들쥐들이 공존하는 몸뚱이에 날 선 아집들이 얽히고설켜 살아가는 곳이 있다. 마을 입구 들논 경계선으로 빙 둘러선 가시나무 덤불 속, 또 다른 한 세상이 있다. 참새들이 세 들어 사는 보금자리인 시무나무다. 가끔 적이 쳐들어오기도 하였다. 그런 날에 참새들 요란한 소리와 알 수 없는 공포로 인해 나무 밑 세상이 발칵 뒤집힌다. 들쥐를 노리는 뱀의 침공이다.
　내가 어릴 적 여름방학이면 부모님 심부름으로 들일하는 가족들에게 점심밥을 날랐다. 논과 밭 사이에 좁은 길이 있었다. 아무런 생각 없이 잰걸음으로 가는 도중 비명 소리가 들리는 쪽을 향해 다가가 시무나무 밑을 자세히 들여다보았다. 어린 나는 소스라치게 놀랐다. 이름 모를 큰 뱀이 들쥐 한 마리를 입에 물고 삼키는 중이었다. 그것을 본 참새들이 목청을 돋우어 외치고 있었다. 시무나무 가시덤불이 무섭지도 않은 듯 요란한 소리로 덤불 바깥세상을 향해 도움을 요청하고 있었다. 걸음아 날 살려라며 달음질을 치다 보면 어느 새 우리 전답에 도착하면 부모님은 '벌써 밥때가 되었냐?' 하시면서 호밋자루에 묻은 흙을 툭툭 털면서 밭머리로 나오셨다.

어머니께서 '아침에 챙겨 놓은 광주리 그대로 가져왔냐?'고 물으시면 '네, 어머니.' 겁먹은 목소리로 대답을 들으신 어머니는 무슨 일이라도 있었느냐며 그 까닭을 물으신다.

그때서야 동네 입구 시무나무 덤불 속 이야기를 꺼냈다. 시끄럽던 참새들의 울음소리와 파닥거리는 날갯짓, 우연히 내가 본 뱀의 무소불위 행동 이런저런 상황을 펼쳐 놓으니, 어머니께서는 빙그레 웃으셨다. '저 많은 나무 덤불 속에 한 동네가 꿈틀대며 살아간단다.'며 모든 곤충과 조류, 파충류들의 여름나기는 먹이사슬에 따라 서로 먹고 먹히며 종족을 보존하는 것이라고 말씀해 주셨다.

발에 밟히는 작은 들꽃들까지 제 이름에 걸맞은 향수를 져 나르며 바람에 몸을 실어 이사를 하고, 분봉하는 벌 떼에 업혀서 산을 넘어 강을 건너기도 한다는 어머니의 말씀을 듣고 보이지 않게 여름이란 계절에 숨은 생존경쟁은 어느 한 곳도 조용하지 않다는 것을 나는 알 수 있었다.

농사일에 지친 부모님의 달가운 식사가 끝나고, 돌아오는 길에 나는 궁금해서 다시 시무나무 속을 살펴보았다. 참새들은 한결 부드러운 소리로 조잘대며 덤불에서 쉬고 있고, 바닥에는 뻥 뚫린 구멍 하나가 덩그렇게 아가리를 벌리고 있었다. 침범자의 그림자조차 보이지 않았다. 그런데 참새가 떠나지 못하는 이유를 알 수가 있었다. 가시가 엉겨 붙은 가느다란 나뭇가지 사이에 작은 둥지가 보였다.

아! 그렇구나. 어린 새끼를 잃지 않으려고 그렇게 떼고함을 질러 댔구나. 자지러지게 쨱쨱대던 울음소리가 나름대로 뱀을 쫓아내는 무기였구나. 뾰족한 가시나무에 기대어 어린 새끼를 지키며 각자의 생명들이 각양각색의 생존 전쟁을 치르며 살아가는구나 하는 생각이 들었다.

나는 시간이 지나서 다시 그 길을 지나갈 때면 어김없이 시무나무를 살피는 습관이 생겼다. 번득거리던 뱀의 눈과 생사를 넘나들던 들쥐의 몸부림, 시간이 지나도 머릿속에 남아있는 기억의 장소였다.

어느 날 시어머니 모시고 지금 내가 살고 있는 곳에서, 그리 멀지 않은 곳의 수목원을 방문한 적이 있었다. 낮은 산 언덕배기 가장자리에 찔레나무와 나란하게 시무나무도 자리 잡고 있었다. 누구의 가시가 무서운지 내기라도 하듯 성깔을 뾰족하게 세우고 있었다. 찔레꽃의 환한 웃음과 향기로 잘난 체하는 찔레나무와는 달리, 꽃이 소박한 시무나무는 향기도 없이 시무룩하게 기죽은 모습으로 서 있었다.

내 어릴 적 어머니께서 이른 봄 시무나무 연한 잎으로 하얀 쌀가루 입혀 무쇠솥에 쪄주시던 그 떡, 왈칵 친정어머니 생각이 떠올라서 가시도 반가웠다. 시어머니께 이 나무가 무슨 나무인지 아시느냐고 여쭤보니 잘 모른다고 하시길래 '친정어머니가 말씀하시는데 가시나무 아래는 뱀이 많이 살고, 우리 동네는 시무나무를 논과 밭 경계 덤불로 가꾸는 곳이 많다.'며 시무나무에 대한 이야기와 추억담을 말씀드린 적이 있다.

  똑같이 시골에서 태어나 농사꾼으로 살아왔지만 농촌 풍경과 환경이 친정집과 시댁이 사뭇 달랐다. 논농사가 많은 시댁과 밭농사가 많은 친정집 집성촌이 마을을 이루는 것은 닮아있지만, 산과 강이 풍성한 친정과 도시 가까운 시댁은 확연하게 풍습도 달랐다. 평생 농사를 지어오신 시어머니께서는 시무나무를 모르셨다.

  산이 많고 온갖 나무가 많은 고장에서 유년을 보낸 것이 나에겐 큰 재산이기도 하였다. 시무나무 잎은 5월쯤 잎이 나오고, 잎은 어긋나며 긴 타원형으로 끝이 뾰족하고 가장자리에 규칙적인 톱니가 있으며, 측맥은 보통 10쌍 전후이다. 잎자루는 짧고 잔털이 있다. 꽃은 연한 황색이며 잎겨드랑이에 3개 전후로 달려 핀다. 턱잎은 긴 타원형이며 일찍 떨어진다. 꽃은 암수 한 그루이거나 잡성화다.

  오랜만에 시어머니 모시고 나들이 온 수목원, 내 머릿속에 자리 잡고 있던 시무나무 덤불 속 뱀 한 마리, 찔레나무 장미나무 덤불 속의 세상을 살펴보게 하는 시간이었다. 키 낮은 나무 밑 어두운 곳까지 생명들끼리 더불어 살아가는 곳, 뭇 생명들이 마음을 열어 서로의 자리를 조금씩 내어줄 때, 가시 돋친 시무나무 덤불도 포근한 보금자리가 되는 순간이다.

  수목원 가장자리에 선 시무나무가 참새들에게 가시덤불을 온전히 전세 내어주고 있다. 우연히 다시 만난 시무나무가 나에게 또 다른 삶의 의미 하나를 건네주었다.

추잠 秋蠶

'사각사각, 와삭와삭, 쏴아쏴아'

안방에 내리는 빗소리! 아니다. 누에가 뽕잎을 갉아먹는 소리다. 봄, 가을 일 년에 두 번씩 농번기를 맞아 어머니는 딱 30일이면 짤짤하게 부수입을 올릴 수 있는 누에치기, 비록 힘은 들지만 내팽개칠 수 없는 유혹이다. 특히, 일손 바쁜 가을에 한 달 동안 누에치기란 잠깐이라도 한숨 돌릴 수 없는 고역 중의 고역이었다.

봄보다 가을이 더 바빴다. 일 년 동안 지은 농사의 추수로 눈코 뜰 새 없는데, 추잠*을 함께해야 하기 때문이다. '가을은 고양이 손도 빌린다.'라는 말이 있다. 고운 모래알만 한 누에알을 농협에서 받아와 안방 아랫목에 두고 애지중지 귀한 대접을 한다. 아랫목 온도가 따뜻할 정도로 유지하면 작은 애벌레가 알에서 깨어나 5령을 거치고서야 고치가 만들어진다.

누에는 오염이 되지 않은 청정 뽕잎만 먹고 자란다. 어린누에는 뽕잎을 잘게 썰어서 살살 뿌려준다. 그때에 누에 색상은 까만 애벌레 같지만, 하루에 4~5시간 간격으로 뽕잎을 먹고 약 5일 간격으로 한 번씩 잠을 자고 일어난다. 잠을 자고 나면 배설물을 치워주는 등 잠실을 깨끗이 청소해주어야만 했다. 아버지께서 만드신 갈대발에 신문지나 한지를 깔아주었다. 우리 집은 할머니 계실 때부터 누에치기를 계속해 왔다. 뽕잎을 따서 나누어 주면서 할머니의 말씀이 늘 같은 말씀이었다. 봄, 가을철마다 반복되었다.

'명주 옷고름만 매도 사촌까지 따뜻해진다.' 명주는 부드럽고 보온이 잘되는 비단 천이다. '내가 저세상으로 갈 때도 반드시 명주옷 입고 가고 싶다.'라고 자주 말씀하셨다. 어린 우리 형제들은 무슨 뜻인지도 모르고 '네, 네, 할머니 입고 가세요.'라고 철없이 맞장구치면 어머니가 혼을 내셨다.

누에는 1주일만 지나면 제법 자라 있었다. 뽕잎의 크기도 듬성듬성 썰어주어도 충분히 먹었다. 누에는 점점 자라면서 먹는 양도 많아지고 자리도 크게 잠식해갔다. 처음에 신문지 한 장으로 먹고 놀던 몸집이 한 잠 자고 나면 신문지 두 장으로, 또 한 잠을 자고 날 때마다 몸집이 몇 배로 자랐다. 그렇게 세 잠을 자고 나면 그때부터 뽕잎을 갉아먹는 소리는 빗소리로 변해 갔다. 우윳빛 몸통에 두 눈은 검은 몽고반점처럼 보이고 톱니 같은 이빨로 뽕잎의 가장자리에서 시작한 먹이활동은 요가의 업독 자세로 위에서 아래로 고개만 움직이면서 갉아먹는다. 그때부터 뽕잎 양도 급격하게 늘어난다.

봄 뽕잎은 나무에 매달려 한 잎 한 잎 손톱이 닿아지도록 따지만, 가을 뽕잎은 다행스럽게 뽕나무 줄기를 전체 잘라서 아버지께서 지게에 짊어지고 집으로 옮겨주셨다. 멍석 위에 깨끗한 광목천을 펼쳐 놓고 온 가족이 모여서 뽕잎을 땄다. 어린아이도 도울 수 있는 유일한 일거리였다.

어머니께서 '아가들아, 열심히 뽕잎을 따는 사람은 수매하는 날 맛난 거 사준다.'라고 하시면 우리 형제들은 어둠이 내린 마당에서 졸린 눈 비비며 열심히 뽕잎을 땄다. '어머니 저는 사탕 사 주세요.' 동생이 말하면 누가 질세라 주문이 쏟아졌다.

'그래 알았다. 너희들이 도와주니 빨리 끝날 수 있어서 좋구나. 고맙다.'라고 하시면서 우리 형제들의 요구 사항을 일일이 대답으로 상기시켜 주셨다.

한 달 뒤 고치 수매하는 날 받을 선물을 생각하면서 기쁘게 뽕잎을 땄다. 뽕잎은 한 군데 쌓아놓을 수가 없었다. 잎에서 열이 나서 금방 누렇게 변색되어 누에가 먹을 수 없게 되기 때문이다. 넓게 펴서 분무기로 살짝 물을 뿌려 다시 광목천으로 덮어 놓아야만 했다. 다음 날 다시 준비해 올 때까지 누에의 밥이었다.

그렇게 4잠을 자고 나면, 누에고치를 지으려고 먹는 것도 중단하고 수런대는 소리가 바쁘게 들렸다. 누에는 배설물을 다 버리고 깨끗한 몸으로 마지막 수행에 들어간다. 아버지가 봄부터 어린 소나무와 참나무 가지를 베어 와서, 음지에서 잘 말려서 준비해둔 섶을 만들어 주었다. 그동안 귀한 대접받은 누에는 새하얀 고치로 보답하려고, 천 미터가 넘는 비단실을 입으로 뽑아내는 수고를 마다하지 않았다.

처음 며칠은 방 안을 어둡게 해주어야 한다고 방문 앞에 검은 천을 덧대어 걸어놓았다. 그렇게 며칠이 지나 잠실 문을 열었을 때, 눈앞에 펼쳐진 세상은 그야말로 장관이다. 다 자란 누에는 좀 징그럽고 무섭게도 느껴졌지만, 변신한 이 모습은 감탄이 절로 나왔다. 나뭇잎 사이사이로 하얗게 8자 모양의 비단 재목으로 지은 집, 우리 가족이 모여 함박웃음으로 한 달 농사를 마무리했다. 너무나 깨끗하기에 손부터 씻고 작업을 했다.

어머니 애장품 싸리나무 상자는 한지로 옷을 입혀서 항상 깨끗하고 정갈했다. 어머니 표현에 '분통 같은 상자 속에 넣어야 한다. 오염이 되면 상품 값어치가 떨어진다.'라고 하시면서 누에고치 하나하나 귀하게 정리하셨다. 농협에서 누에고치를 매수하는 날, 할머니와 어머니가 항상 특품으로 등급을 받아서 돈도 많이 받아오셨다. 온 가족이 정성을 다해 누에를 돌본 결과였다.

그날은 우리 형제들의 잔칫날이었다. 어머니께서는 항상 장바구니에 할머니께 드릴 선물과 엿가락을 제일 먼저 풀어놓으시고, 우리 형제들 선물을 하나씩 챙겨 오시면 좋아서 펄쩍펄쩍 뛰었다. 우리들 선물은 보통 학용품이나 양말 정도였는데 행복감은 하늘을 찌르는 듯했다. 우리 가족의 협심으로 이루어내는 일 년에 두 번 있는 잠업은 항상 우리 가족에게 행복을 선물했다.

　요즘에는 명주옷을 입는 사람 만나기 힘들지만, 실크라는 이름으로 대중화되어있는 옷을 만나면, 어릴 때 고향 집 안방에 내리던 빗소리가 떠오른다. 우리 가족이 다 함께 뽕잎을 따서 키우던 누에, 고맙다는 보답으로 고운 고치를 어머니께 선물로 지어주던 추잠을 잊을 수가 없다. 가을이면 방 안 가득 내리던 축복의 빗소리가 그리워진다.

　* 추잠秋蠶 : 가을에 치는 누에

푸서리

일 년 전 지자체의 지방도로 건설로 인해 내가 사용하던 텃밭이 도로로 수용된 적이 있다. 개인은 절대 관을 이길 수 없었다. 힘의 균형이 맞지 않기 때문이다. 나 또한 억울하지만 땅을 팔지 않을 수 없었다. 협조라는 명목으로 동네 이장의 협박성 회유에서 자유로울 수 없었다. 담당 공무원의 사람 됨됨이와 공무 자세에 따라 응대하는 태도는 각각 달랐다. 나는 그들이 아무리 협박해도 협조하고 싶지 않았다. 차라리 차분하게 도움을 요청하면 응할 수 있는데, 몇 달간 줄다리기가 벌어지고 바뀐 담당자의 다소 유순해진 태도에 승낙을 해주었다.

조그마한 텃밭을 보상받아서 다시 땅을 장만하기가 무척이나 어려웠다. 내가 받은 돈보다 많은 경비가 필요했다. 3개월 동안 대토*를 구하려 발품을 팔았다. 나는 자연을 좋아하고 꽃이나 푸성귀 가꾸는 재미가 쏠쏠해서 반드시 텃밭은 있어야 했다. 나는 땅 구하러

돌고 돌다가 운때가 잘 맞아서 진입도로가 넓고 반듯한 땅을 구입할 수 있었다. 웬걸 이 땅은 5년이나 주인이 방치해 두어서 엉망진창이었다. 겉모습만 보고 사람들이 매입을 꺼려 했다는 말을 풍문으로 들었다. 나는 다행하게 아주 오래전에 부동산 공부를 해서 땅을 보는 안목이 조금 있었다.

당장 눈에 보이는 것보다 위치와 나의 목적에 합당한가 살펴본 다음 구입을 결정했다. 사람을 사서 인건비를 지불하고 정리정돈을 하면 될 것이다, 라고 생각하면서 시작했다.

묵정밭 가득 한 자나 되는 풀들이 웃자라 서로 몸 비비며 키 재기를 하고 있었다. 높게는 찔레 덤불부터 억새, 갈대, 쐐기풀, 도깨비풀 낮게는 쇠비름까지 나름대로 생존의 질서가 있었다. 쇠비름이란 놈은 생명력이 어찌나 질긴지 여름 땡볕에 한 달이 지나도 생명 줄을 놓지 않는 식물이었다.

늦봄이라 쑥이 머리를 치켜들고 쑥쑥 올라오고 있었다. 작년에 입었던 옷들을 홀라당 벗어 던진 이름 모를 풀들과 나무들이 밭을 채우고 있었다. 장갑을 끼고 일을 해도 가시에 찔린 손이 따끔거리고, 앙큼하게 토라진 나무딸기 가지를 다루기란 정말 힘이 들었다. 몇 년 전에 심었다가 해마다 떨어진 씨앗으로 자동 발아한 옥수수 그루터기는 댕댕이덩굴과 환삼덩굴의 지지대가 되어, 뱀이 기어오르듯 하늘 향해 오르고 있었다. 그뿐인가 한밭 가득 세력을 뻗친 바랭이들은 마디마디 실뿌리를 내렸다. 이런 걸 두고 감당이 불감당이란 말이 나왔구나 하는 생각이 들었다. 씨앗은 벼이삭 숫자보다 많이 맺혀서 종족 번식의 본분을 다하고 있었다.

이거 무모한 짓인가. 내가 사서 하는 고생이라 가족한테도 말을 못 하는 신세가 되어 언젠가 끝이 날 거라 생각하며 밭을 정리하는데, 이웃집 논에 트랙터 소리가 들렸다. 트랙터로 넓은 논을 순식간에 갈아엎는 걸 보고 이때다 싶어서 이웃집 아저씨께 부탁을 했다.

"사장님 시간이 나면 우리 밭도 갈아주세요. 수고비는 드릴게요."

그분은 나를 힐끗 한번 쳐다보더니 온화한 웃음과 함께

"그러지 않아도 이 쑥대밭을 손으로 하는 걸 보고 도와주려고 했어요."

하고 대답했다. 이 얼마나 고마운 일인가? 본인의 논을 다 갈아엎고 우리 밭을 정리하기 시작했다. 기계가 지나는 자리마다 악다구니 세던 풀들도 가시 달린 찔레나무도 온갖 묵고 묵은 그루터기들이 전쟁터에 패잔병처럼 쓰러졌다. 십 년 묵은 체증이 내려가듯이 나는 안도의 한숨을 쉬었다. 농기계가 몇 바퀴 돌아 나오니 숨어 있던 흙들이 말쑥하게 얼굴을 내밀고 주인인 내게 웃음으로 맞아주었다.

'이제부터 씨앗 뿌리고 꽃나무 심고 주인님 마음대로 사용하세요.'

흙이 나에게 건네는 인사 같았다.

순식간에 일을 마친 이웃 아저씨가 흐뭇한 웃음을 지으며

"이제 원상 되었습니다. 나무는 남편께 정리해 달라고 하세요."

"사장님 수고하셨습니다. 감사합니다."

푸서리 237

작은 성의를 전하자 이웃끼리 괜찮다고 사양을 거듭했다.

'그럼 제가 차 한 잔 대접한다 생각하고 받으세요.'라고 말했더니 그제서야 쑥스럽게 웃으면서 고맙다고 인사를 건네 왔다. 오랜 묵정밭과의 전쟁은 끝이 났다. 검불들로 산발되어 헝클어진 밭머리부터 말끔하게 세수를 시킨 땅의 민낯의 얼굴은 한층 밭의 가치를 올려주는 듯했다.

전 주인이 심어둔 매실나무와 옆에서 늦잠 자는 석류나무도 있고, 광합성 으뜸인 오동나무도 밭을 지키고 있었다. 푸서리 가운데 주눅 들지 않고 키를 키운 운이 좋은 나무들이었다.

'아이고, 아지매 새 땅이 되었네.' 하시며 칭찬을 주신 이웃 할머니도 계시고 텃세한다고 삐죽되는 이웃도 있었다. 이 모두 사람 사는 세상일 것이란 생각이 들었다.

이웃 할머니의 말씀 '밭 이웃이 게으르면 풀씨가 날라 와서 불편을 주는데, 이제부터 그런 일은 없겠구나.'고 하셨다.

이렇게 푸서리* 가득한 묵정밭을 새 밭으로 만들어 놓았으니, 꽃도 심고 나무도 심고 땅을 잠에서 깨우는 일은 나의 몫이었다. 푸서리 빽빽한 땅을 세수시키고 화장을 시켰다. 지금의 내 텃밭은 여러 꽃들과 나무들로 치장을 하기 시작했다.

* 대토 : 기존에 가지고 있던 땅을 팔고 대신 장만하는 땅
* 푸서리 : 잡초나 나무 따위가 무성하고 거친 땅

피댓줄 皮帶

추수가 끝난 농한기에 가장 바쁜 곳이 마을 정미소다. 우리 동네 정미소는 마을 앞 흐르는 내천 옆에 있었다. 내천은 겨울이면 동네 남자아이들이 직접 만든 스케이트를 타는 곳이며, 여자아이들 썰매를 타는 놀이터였다. 오빠는 어려서부터 손재주가 좋았다. 나무를 뾰쪽하게 깎아 발모양에 맞추어 잘 다듬고, 끝부분에 못 쓰는 양동이 아래 부착물을 떨어내서 돌에 갈면 날카로운 칼이 되었다. 그것을 만들어 놓은 나무 밑바닥에 박으면 수제 스케이트가 완성되었다. 오빠 또래 동네 남학생들 모두 스케이트를 잘 탔다. 내가 보기에 내 오빠가 가장 잘 타고 멋있어 보였다.

아이들 시끄러운 소리에 방앗간 동네 어른들은 가끔 시끄럽다고 야단을 쳤다. 그러다 아이들도 지칠 시간이면 방앗간 마당에 모여들었다. 어른들의 막걸리 파티가 자주 있는 곳이기에 배추부침 안주가 있으니 옆에서 조금씩 얻어먹는 즐거움도 있었다.

그곳은 동네 소식통이며 바깥소식도 전해 듣는 곳이기도 했다. '안 동네 뉘 집 아들이 혼사가 있다네, 옆 동네 갑장 아들이 공무원 시험에 합격했다네, 경사 났네, 오늘 막걸리는 내가 한턱 쏘네.' 축하의 화답에 또 다른 어른은 '대처에 나간 조카는 서울에 있는 대학에 떡하니 합격했다네, 내일은 내가 막걸리 한 턱 쏘겠네.'

그때 기동력이 좋은 젊은 아재가 부음을 전한다. '어제 장터 국밥집 할매 세상 떠났다 합니다.' '이런저런' 혀를 껄껄 차면서 '우짜노! 할매가 아직 연세가 높지도 않으신데 갑자기 무슨 변인가.' 이런저런 소식통의 한가운데 서 있는 장소가 동네 정미소였다.

그날도 정미소에 왁자지껄 시끄러운 소리에 동네 사람들이 모여들기 시작했다. 농한기에 막걸리 내기 윷놀이가 자주 펼쳐지는 곳이었다. 마침 우리 당숙이 정미소에서 가끔 일을 도와주고 있었는데, 당시 가난한 시절이라 반머슴처럼 일을 하였다. 벼껍데기 왕겨가 나오고, 고운 등겨가 나오는 순서에 따라 당숙의 손도 바빠져 갔다. 반복되는 일상이라 마음을 놓고 있었는데 아무도 생각하지 못한 일이 벌어졌다. 어느 순간 당숙의 외마디 비명이 들렸다. 붉은 피가 낭자한 손목을 잡고 울고불고 아비규환이었다. 막걸리 사발을 내동댕이치고 어른들이 모여들었다. 당숙의 손이 피댓줄에 감겨서 기계 속으로 빨려 들어간 것이다. 곡식을 밀어 넣는 과정에서 실수로 줄을 당긴 것이 화근이었다. 갑자기 잘 돌던 피댓줄이 8자로 꼬이는 것을 바로 잡으려다 기계의 중력 때문에 당겨 들어가서 사고를 당했단다.

'아이고 이를 어째, 이장 댁에 가서 아까진기(붉은 소독약) 가져와라.' 바로 처방하는 순서가 정해졌다. 아저씨 한 분이 달려가는 사이에 한 분은 바로 입은 옷을 벗어 부드러운 천으로 피가 흐르는 곳을 정지시키느라 손을 묶고 있었다. 그 틈에 소독약을 가져왔다. '비켜라. 이리 보자.' 하더니 붉은 소독약을 한 병 그대로 상처 위에 쏟아 부었다.

피와 소독약이 뒤엉키면서 피범벅을 만들었다. 당숙의 얼굴은 눈물 콧물 범벅이 되고 고통스러워했다. 누군가 시키지도 않았는데 당숙 친구쯤 보이는 아저씨가 경운기를 끌고 왔다. '빨리 타이소! 얼른요. 면소재지까지 가야 병원이 있고 약국도 있으니 시간 없어요.' 어른들 몇 명이 경운기에 당숙을 안아 태우듯 부축하여 태우고 탈 탈 탈 경운기도 소리 내어 울면서 떠났다.

그렇게 그날의 윷놀이와 막걸리 파티는 끝이 났었다. 우짜노! 손이 괜찮아야 할 텐데 모두 한목소리로 걱정하면서 씁쓸하게 헤어지고 있는 시간에, 늦게 소식을 전해 들으신 아버지가 달려오셨다. 아끼던 사촌동생이라 벌벌 떨면서 '언제쯤 출발했냐? 얼마나 다쳤냐?' 하시면서 그길로 바로 병원을 향해 뛰다시피 출발하셨다.

혈육에 대한 아버지의 마음은 극진하셨다. 작은댁 할아버지 내외분이 일찍 세상을 떠나셨기에, 당숙 어릴 적부터 같은 마을에 살면서 나이 차이가 많은 탓에, 사촌동생을 돌보다시피 했으며 어른이 되는 과정을 지켜보셨기에 사촌이지만 친동기처럼 유달리 마음 아파하셨다.

  동네 어른들은 각자 집으로 흩어지고, 우리 아버지와 경운기도 보이지 않았다. 몇 시간이 지나서 동네 어귀에 다시 경운기 소리가 났다. 누가 알려주지도 않았지만 모두 걱정하면서 달려 나왔다. 집성촌 제일 큰 어른의 질문이 시작되었다.

  "의사 선생님이 뭐라고 하던가? 상태는 어떤가?"

  숨 쉴 시간도 없이 질문이 쏟아졌다. 우리 아버지가

  "예, 손가락 두 개 한 마디씩 절단되었습니다. 치료하고 약 받아왔습니다."

  "그래 모두 수고 했네! 덧나지 않도록 조심하게나."

  당숙은 많이 울어서 눈이 퉁퉁 부어 있었다. 아무런 대답도 없이 집으로 향하는 모습이 불쌍해 보였다. 예나 지금이나 엄마 없이 자라는 사람은 갈비뼈 하나 부러져있는 아픔을 안고 살아간다는 말이 틀린 말이 아닌 것 같았다. 어린 내 눈으로 본 당숙의 모습은 무척이나 가엽고 불쌍해 보였다.

  그 후로 내가 객지로 떠나고 당숙은 결혼해서 타지로 떠나서 어쩌다 명절에 만나면 당숙은 항상 손을 주머니에 넣고 다니셨다. 그때마다 나는 어릴 적 보았던 방앗간 피댓줄과 당숙의 피범벅이 된 손이 머릿속에 오버랩되어 떠올랐다.

  얼마 전 나는 자동차로 이곳저곳을 다니다가, 동네 후미진 곳 슬레이트 지붕을 이고 있는 건물 속을 바라본 적이 있다. 어릴 적 보앉던 정미소가 지금도 열심히 일을 하고 있는 광경을 발견했다. 왕겨가 나오고, 등겨가 나오고, 싸라기 쌀도 나오는 순서가 옛 모습 그대로였다. 당숙의 손가락을 앗아간 저 피댓줄을 보는 순간 마음이 아프고 저려왔다. 당숙은 십 년 전에 세상을 떠났다. 당숙의 손가락 두 개를 잡아먹은 피댓줄은 아직도 윙윙 털그덕거리며 돌아가고 있었다.

* 피댓줄皮帶 : 두 개의 기계 바퀴에 걸어 한 축의 동력을 다른 축에 전하는 띠 모양의 물건

힐조*

　새벽은 부지런한 사람에게만 주어지는 보석 같은 시간이다. 나는 5년 동안 일요일을 제외하고, 꼭 같은 시간에 부산함을 떨던 때가 있었다. 바로 두 아이가 고등학교를 다녔던 시절이다. 큰아이가 3학년, 작은아이가 1학년 겹치는 일 년이 있어서 6년을 5년으로 당길 수 있었다.
　새벽 6시에 일어나 등교를 준비하는 시간엔 무척 힘이 많이 들어갔다. 여름에는 별로 불편하지 않지만 겨울은 꽤 힘이 들었다. 그 당시는 토요일이 공휴일이 아니라 놀지 않고 오전까지 공부하던 시절이었다. 그렇게 5년을 변함없이 보냈다. 나는 반드시 아이들 도시락은 전기밥솥을 이용하지 않고 스텐리스 냄비에 밥을 지었다. 저녁에 쌀을 씻어 채에 건져 두었던 쌀로 밥을 지었다. 갓 지은 밥은 정말 맛있고, 냄비라서 누룽지가 눌었다. 점심때 학교에서 급식은 하지만 아침에 입맛이 없다며 밥을 먹지 않고 등교하는 아이가 안타까웠다.

제대로 아침밥을 못 먹었으니 급식 대신 내 손으로 밥 한 끼라도 먹이려고, 보온도시락을 여러 개 준비했었다. 두 아이의 보온도시락은 숫자가 무척 많았다. 보온도시락은 밥, 국, 반찬, 보온병에 따뜻한 물을 챙기면 등교 시각이 촉박할 때가 많았다.

부족한 아이의 잠은 자동차 안에서 잠시 눈을 감았다. 아이들이 잠자는 모습을 볼 때 안쓰럽기도 했지만 행복감도 느꼈다. 학교 교문 앞에 아이들을 내려주고, 집으로 돌아오면 아침 시간이 정신없이 지나갔다. 고등학생을 둔 학부모가 겪는 똑같은 일상이지만 나는 자청해서 도시락을 싸 주었다. 하루 세끼 중 아침도 제대로 못 먹고 갔는데 점심과 저녁까지 급식으로 밥을 먹으면 집밥을 먹을 기회가 없었다. 나는 내 인생에서 아이들을 위해 5년의 아침시간을 덜어내기로 결정했다. 다른 엄마들도 그렇게 하리라 스스로 생각하면서 내린 결정이고 행동이었다. 내 인생에 딱 5년 아침시간을 양보하면서 더 긴 하루를 사용하리라 내린 나의 용기였다.

우리 집은 시내에서 좀 떨어진 남편의 직장 관사에 살았기 때문에 시내버스가 자주 없었다. 아이들이 중학교까지는 대충 버스로 통학이 가능하지만 고등학생이 되면, 우리 동네 집집마다 엄마들이 무척 바빴다. 이른 아침시간과 늦은 저녁시간은 자동차로 아이들의 등하교 기사가 되어야만 했다. 아무리 덥거나 추워도 비가 오나 눈이 오나 하루도 변함이 없었다. 나는 하루를 무척이나 길게 사용했다. 내가 학교에서 집으로 돌아오는 시간이 일반 회사원들은 빠른 출근을 하는 시간이었다.

　남편을 출근시키면 혼자의 아침을 맞는다. 새벽시간의 소중함을 관리하는 나는 여유 있는 차 한 잔의 시간이 따뜻하게 기다리고 있었다. 우리 동네 가까운 산을 소조蕭條하게 다녀오면 오전 10시, 그래도 오전이 두 시간이나 기다리고 있었다. 같은 하루인데 시간을 만들어 사용함에 따라서 24시간을 30시간 쓰듯 할 수 있었다.

　문득 내 어릴 적이 떠올라 고개 한 번 돌려보니, 그 많은 형제들을 키워내신 우리 부모님이 위대하다는 생각이 들었다. 내게는 두 아이가 있지만, 어릴 적 우리 어머니는 산골에서 버스라고 새벽에 한 번 오는 차편으로 등교를 시키느라 새벽닭 울 때부터 움직인다던 말씀이 울컥 다가왔다. 무쇠솥에 밥을 지어, 보온도시락이 아닌 노란 양은 도시락을 몇 개씩 준비하는 과정이 얼마나 수고로웠을까? 지금 와서 내가 자식을 키우면서 어머니의 고생을 새삼 회상해 본다. 내 고향 집은 온돌 구들에 마른 장작을 넣는 온돌방이었다. 무척이나 따뜻했다. 새벽에 일어나는 것은 아이들에게 정말 힘든 일이었다. 서로 조금이라도 늦게 일어나려고 그 순간에는 세수하는 순서를 잘도 양보했었다. 이른 새벽에 아버지께서 무쇠솥이 뜨끈뜨끈하도록 물을 데우셨다. 어머니도 부엌에서 그 물로 일을 하시고 우리들 세수 물도 손 시리지 않도록 해주신 아버지도 새벽이 늘 바쁘셨다.

　그리고 외양간 어미 소에게 줄 쇠죽을 끓이시고, 아버지는 해 뜨기 전에 산에 가서 나무 한 바지게를 해 오시는 것 또한 예사롭지 않게 하셨다. 모두 새벽을 열고 하는 일들이 수럭스러웠다.

　우리 할머니 말씀 '오늘 나무 한 지게 준비는 열흘을 따뜻하게 보내는 저축이다.'고 하셨다. 아버지의 지게만 바라보셔도 입가가 벙글었다. 할머니도 새벽에 몇 가지 일을 하셨다. 늘 길쌈을 하셨기에 어스름 새벽부터 호롱불에 의지해 길쌈을 꽤 많이 삼아 놓으셨다. 할머니 말씀 '이 정도면 게으른 과부 오전 일보다 많이 했다. 밥값은 했네.' 하시며 자랑하셨다. 어린 내가 보기에 별로 특별하지도 않지만 매일 반복되는 일이며 아침마다 반복되는 말씀이었다. 추운 날 어머니의 부엌 수고에 보답하는 듯 말씀은 안 하셔도 '나도 공짜로 밥 안 먹는다.'라는 소리인 듯했다.

　겨울 새벽은 누구에게나 어설프다. 그 새벽을 어떻게 쓰는가에 따라 하루의 일이 많이 달라졌다. 공부하는 학생에겐 잠시 예습하며 오늘 공부에 준비물 챙기는 시간이며, 출근하는 샐러리맨한테는 한 호흡 작은 충전의 시간을 만들어주며, 한 가족의 건강을 관리하는 주부에게도 새벽 시간은 공평하게 나누어 주었다. 나는 학부모 시절의 시간을 새벽부터 엽렵하게 만들어 사용했다. 지금도 그 시간이 아름답고 보람차게 느껴진다.

　* 힐조 : 이른 아침

깜부기

 내 고향은 논보다 밭이 많은 척박한 산골이다. 다랑이논도 있지만, 넓은 들 논이라 부르는 평지의 논도 있다. 밭이 많다는 것은 집집마다 한여름 농번기에 뙤약볕 아래서 일을 많이 해야 한다는 뜻도 된다.
 우리 동네 어른들 말씀에 '여름 하루를 부지런히 일하면, 겨울에 열흘이 배부르다.'라는 말이 있다. 일이 많으면 그만큼 먹을 것이 많다는 뜻으로 생각하면 고생이 되더라도 일철엔 열심히 일하라는 의미로 들렸다.
 오월의 논과 밭은 월동한 토종 보리와 밀이 차지했다. 이삭이 피면 파랗게 하늘을 향해 분노하듯 고개를 숙일 줄 모르는 까칠한 자존심을 보였다. 벼는 익을수록 고개를 숙이면서 부드러운 쌀을 선물하는데, 대신 보리의 까끄라기는 자기 몸을 보호하는 호신용 무기 같아 보이기도 했다.
 보리 줄기가 황갈색으로 변하여도 당당하고 꼿꼿하게 서 있지만 보리가 이기지 못하는 천적이 하나 있었다. 보리의 적 깜부기병*이다. 우리 언니 초승달 같은 눈썹을 그리던 검정색 깜부기는 성깔 사나운 보리밭을 내 집인 듯 눈치 없이 염치도 없이 침입하여 돌연변이가 되어 돌아다녔다. 깜부기 가루는 다른 병충해보다 사람에게 더욱 나쁜 식물이었다. 툭하고 건드리면 검은 가루가 훌훌 날아 퍼졌다. 사람의 피부에 닿으면 알레르기가 되어 발진이 일어났다.

우리 동네 어르신들 유월의 땡볕 아래 소매 긴 옷을 입고 창 넓은 밀짚모자를 쓰고 보리타작과 밀 타작을 하기 전 깜부기와 한바탕 전쟁을 치렀다. 매년 보리가 다 여물기 전에 깜부기로 병든 이삭만 뽑는 수고로움도 마다하지 않았다. 당시는 농약이 귀하던 시절이라 뿌린 대로 거두는 친환경 농사를 지을 때다. 보리는 가을에 파종해서 살을 에는 엄동을 이기고 살아남았다. 보릿고개에 어린싹을 구황 식물로 내주었던 고마운 보리였다.

땡볕이 제법 농부들 피부를 따갑게 건드리는 시간이 되면, 집집마다 마당 가운데 탈곡기 돌아가는 소리가 윙윙거렸다. 보리타작을 하면 땀 벅벅이 된 얼굴마다 깜부기 가루로 까무잡잡하게 분칠을 해댔다. 그러면 아버지, 어머니도 탈곡기 돌리는 다리의 힘이 더욱 세졌다.

두어 시간 지나면 잠시 휴식과 참을 먹는 새참 시간이다. 아버지는 손으로 이마의 땀을 훔치며 '아이고 올해는 무슨 깜부기가 이렇게 많은지 보리 필 때 한번 잡았는데.'라고 하셨다. 게으른 깜부기는 피는 동시에 타작 철을 맞는다. '밭을 연작해서 그런가!' 하시며 무슨 병이라 생각지도 못하는 우리 부모님, 그저 자연의 섭리며 하늘의 뜻이라고 생각하며 살아가는 순진한 농부이셨다. 깜부기가 많은 해는 당연하게 타작 이후 보리 수확량이 줄어든다. 일요일 날 보리타작을 할 때면 어머니 한 말씀. '아가들아 타작하는 날에는 방문은 꼭 꼭 잠그고, 너희들은 냇가에 가서 놀아라. 점심때가 되면 집으로 오너라.' 우리 형제들은 동네 개울가 버드나무 아래서 한나절 놀다 배가 고파 점심때가 되었다 싶으면 집으로 돌아왔다.

타작마당에서 일하시는 아버지, 어머니를 본 순간, 깜짝 놀랐다. 아버지 밀짚모자부터 어머니 머릿수건까지 깜부기 가루로 염색되어 있었다. 어린 동생은 부모님 낯선 얼굴을 보고 무섭다는 표정을 지었다. 하지만 할머니의 손맛이 배어있는 중참, 햇감자의 맛에 매료되어 보리타작하는 날은 우리 집 마당 가장자리 늙은 감나무 평상에 3대가 깜부기 이야기로 꽃을 피웠다. 고생은 많고 물질은 좀 부족했지만 단란한 우리 가족에겐 늘 웃음꽃은 풍년이었다.

오늘날 젊은이들은 잘 모르는 보릿고개, 아니 그들은 알려고 하지도 않는다. 물질이 풍족해지니 이제는 친환경이니, 유기농이니 하면서 농산물 양보다 품질을 우선하는 시대가 온 것 같다. 신문이나 방송에서도 홍보하듯 떠들어댄다. 가격에 얽매이지 않고 질을 우선시하는 소비자가 많아진 덕분이다.

작년에 내가 살고 있는 고장에서 멀지 않는 곳에 친환경 농법으로 농사를 짓는 농장에 견학을 갔던 적이 있다. 농약을 쓰지 않는 곳이었다. 오늘날은 사람들이 먹을거리에 관심이 많아졌다. 양보다 품질로 선택되는 시대다. 방문한 농장에서 어린 날 우리 보리밭 깜부기를 만났다. 반가움과 함께 쓸쓸한 추억 한 토막이 스멀스멀 피어올랐다. 드넓은 보리밭에 유월이 오면 고향 집 온 가족이 깜부기 가루를 덮어쓰고 타작하던 누렇게 익은 가난이 꿈틀대며 되살아났다. 결코 그 시절로 다시 돌아가고 싶지는 않지만, 할머니와 부모님이 보고 싶어서 검은 눈물이 내 마음을 적셨다. 이날 만난 밀 이름은 앉은뱅이 토종 밀이었다. 토종에 익숙해져 있는 우리 몸의 면역력을 키우는 역할을 톡톡히 한다고 했다.

슈퍼라고 외치는 유전자 조작 농산물, 한때는 대대로 우리 땅의 먹을거리 토종을 쫓아내고 늘어난 수확량으로 농가 수입도 늘어났다. 하지만 우리 몸은 할머니의 할머니부터 심고 거두었던 순수 토종을 기억하며 그것을 원하고 있었는지도 모른다.

견학을 끝내고 돌아오는 길에 토종 밀가루 두 봉지를 구입했다. 순간 할머니가 만들어주시던 수제비며, 어머니가 만들어주시던 손칼국수가 퍼뜩 떠올랐다. 그리고 깜부기로 얼룩진 아버지 얼굴, 머릿수건을 까맣게 물들이던 어머니, 마당 한편에 활짝 웃어주던 접시꽃, 골목 입구 귀신 쫓아 준다고 심어놓은 엄나무, 애처로운 그리움이 낚싯바늘에 걸려 올라오듯 머릿속에 떠오른다.

* 깜부기병[黑穗病] : 담자균류의 흑수균목[黑穗菌目, ustilaginales에 속하는 병. 이 병에 걸리면 환부에 까만색의 가루 같은 포자가 만들어진다. 보리, 옥수수, 대나무에도 생긴다.

신갈나무

"아범아 외양간 청소해야겠다."

어릴 적 아침을 맞는 고향 집에서 자주 듣던 할머니 목소리다. 일주일에 대여섯 번 아버지한테 당부의 말씀을 하셨다. 우리 집 씨암소이며 일소(머슴)의 숙소인 외양간을 아주 소중하게 여기며 돌보는 할머니는 아침마다 '밤새 무사했나? 잠자리 젖지 않았나.' 살피면서 소와 더불어 대화를 시작했다.

"아이고 이 추운 날 바닥이 모두 젖어 버렸네, 빨리 소를 몰고 나와서 햇볕을 쬐어 주어라."

이유는 밤새 소의 배설물 때문이었다. 소의 오줌과 쇠똥을 깔고 앉아서 잠을 자 버렸다. 소의 옆구리까지 온통 배설물로 진하게 젖어있었다. 이렇게 할머니 훈시가 한번 나오면 아버지의 행동은 무척이나 빠르고 민첩해져 갔다. 양지바른 곳에 소를 매어 놓고 외양간 청소를 시작했다.

오물을 모두 치우고 난 뒤 바닥에다 마른 신갈나무 잎을 푹신하게 넣어주는 것이었다. 그 어떤 융단보다 소가 좋아했다. 한 가족처럼 지내는 소의 울음소리만으로 소의 기분을 알아챘었다. 우리 동네 사람들은 집집마다 마른 신갈나무 잎을 좋아했다. 동네 뒷산이 온통 신갈나무로 빽빽하여 잎부터 줄기까지 동네 주민을 위해 태어나 자라주었다. 줄기는 땔감으로, 잎은 쇠 외양간 담요로, 열매는 사람들의 허기진 배를 채울 도토리묵 재료용으로, 단풍은 눈 호강을 시켜주는 몸 전체 인간을 위한 소신공양을 마다하지 않았다.

신갈나무는 그 현장이 매우 척박한 땅에서 또한 나무붙이가 유독 많은 곳에서도 잘 자란다. 얼마나 고마운 일인가. 누가 보살펴주지 않아도 제 위치에서 봄부터 겨울까지 최선의 삶을 추구하는, 농부에게 효자 나무였다. 봄이면 연두로 수채화 한 폭을 선물하며 꽃은 할아버지 수염처럼 점잖으며 웃기도 했었다. 신갈나무는 참나무의 6형제 중 잎이 넓은 큰형에 속한다. 널찍한 잎으로 축사의 융단이 되어주기도 하고 겨울 동안 우리 집 땔나무 아궁이 불쏘시개가 되어주었다. 이 두 가지 혜택을 우리 동네 사람들은 해해년년 무상으로 누리며 살아갔다. 가을에 주는 넉넉함은 웰빙으로 안겨주었다. 우리 할머니의 광목 자루는 묵직하게 배고픔을 채워 주었다. 도토리 중에 가장 맛있는 열매이기도 했다.

상수리나무, 굴참나무 열매보다 크기는 작지만 우리 동네 제일 많은 참나무라 할머니는 맛도 제일이라고 하셨다. 해발이 높은 산골,

연두색 잎이 진초록으로 바뀌면 농촌 어느 산비탈 옆구리에서 오가는 농부들 쉼터를 공짜로 내어주는 그늘 자리를 만들어 주기도 했다. 가을이 오면 동네 뒷산 신갈나무 능선은 진황색의 단풍을 병풍처럼 감싸주는 넓은 가슴을 내주었다. 여름까지 진초록에 물든 잎이 눈 호강을 시켜주었다. 도토리는 탄닌 성분이 많아 세포 활성화를 도와주며, 아코산은 중금속을 배출한다니 현대를 살아가는 인스턴트 식품으로 찌든 몸을 정화시켜준다고 한다. 내 어릴 적은 물질은 부족했지만 완전 유기농 식품으로 어린 세포를 건강하게 성장시킨 것 같다고 생각이 들었다. 너무 흔해서 소중한 줄 모르고 살아왔던 것이 요즘에 와서 건강식품으로 대접받는다니 참으로 다행이 아닐 수 없다.

늦가을이 오면 신갈나무는 진홍색 치마를 입고 겨울을 마중하는 커다란 잎을 한 장식 순이 튼 순서대로 땅바닥으로 떨어뜨린다. 바로 어미 소 마구간의 융단으로 변신하는 순간이다. 아주 효율적으로 골바람이 쓸어주는 골짜기에 모두 모여 있었다. 아버지는 시간이 허락되는 대로 자루나 가마니에 꾹꾹 눌러 담아 집 헌 창고에 쌓아서 모으는 것을 농한기에 하는 첫 번째 일이셨다. 또한 신갈나무는 함부로 베지 않고 간벌하듯 베어서 겨울 땔감으로 쓰기도 했다.

마지막 떨어진 나뭇잎까지 올차게 사람들에게 헌신했다. 마구간을 청소해서 나오는 배설물과 신갈나무 잎은 천연 퇴비가 되었다. 옛날에는 퇴비 공장도 없던 때라 7월에 풀을 베어서 발효시키고 암소가 깔고 누웠던 신갈나무 잎과 분뇨들은 모두 거름이 되어주었다.

　일 년 전 우연하게 어느 농장을 방문할 기회가 있었던 나는 반가움과 함께 깜짝 놀란 일이 있었다. 버섯 농장인데 나무가 모두 참나무들이었다. 농장주인은 참나무에 구멍을 파고 버섯 종균을 넣어서 키운다며 참나무의 성질과 용도를 설명하면서 농약을 절대로 사용하지 않는다는 말도 곁들였다. 내가 농장 주인께 참나무 종류가 뭐야고 질문을 하니, 살짝 놀란 얼굴빛으로 참나무를 잘 아시느냐고 되물었다. 산골에서 유년기를 보내서 조금 안다며 나무 껍질을 보니 신갈나무 같다고 하니, 의아한 눈길로 나를 바라본 농장주인은 '아! 네 맞습니다. 참나무 두세 가지 종류가 있는데 신갈나무가 제일 많습니다. 버섯이 잘 자라고 나무도 흔하고요.' 하고 대답했다.

　순간 어릴 적 고향 마을 뒷산 신갈나무 진황색 단풍이 병풍처럼 빙 둘러쳐진 고향 집을 떠올리자 또다시 눈시울이 뜨거워졌다.

　잎부터 나무까지 인간을 위해 다 내어준 고마운 참나무! 그중에 내 고향에 많이도 자생하는 신갈나무 커다란 잎 한 장을 내가 신고 간 운동화 깔창으로 넣어보았다. 잠시였지만 가슴 시린 추억의 그림자와 동행한 시간이었다.

참새잡이

　창호지 문구멍으로 세상을 조준했다. 밤사이 커다란 흰 이불이 온 동네를 덮었다. 함박꽃 송이만 한 눈이 내리면 산과 들 동네까지 깨끗해진 것이 지난밤에 환경미화원이 다녀간 듯했다.
　초등학교 1학년 겨울방학, 눈이 내린 이른 아침에 오빠 둘은 참새잡이를 했다. 아버지께서 짚과 싸리나무로 만들어 놓은 삼태기가 있었다. 엉성한 나무 삼태기보다 촘촘한 짚 삼태기가 참새잡이에 용이했다. 짚 삼태기를 가지려고 실랑이가 벌어지는 일이 다반사였다. 누가 보아도 참새잡이에 짚 삼태기가 유리하다는 게 보였다.
　아무래도 참새 몸짓이 작으니 빈틈이 없는 짚 삼태기가 포획에 매우 유리했다. 싸리나무 삼태기는 아무리 촘촘하게 만들어도 구멍이 숭숭 뚫리기 마련이다. 본디 삼태기의 성질이 잡다한 농사일의 거름망처럼 사용되었기 때문이었다. 오빠들은 서로 짚 삼태기를 가지려고 난리법석을 떨었다. 그래도 3살 터울인 큰오빠의 힘에 밀린 작은 오빠는 자연스럽게 싸리나무로 만든 삼태기가 낙점되었다.

사랑방 문살 창호지 구멍 하나로 기다란 줄을 연결했다. 마당 끝 골목입구에 삼태기를 엎어 중앙에 막대기를 세우고 줄을 연결하였다. 삼태기 안 땅바닥에 좁쌀과 수수를 한 줌씩 쏟아 놓으면, 흡사 지렁이를 낚싯바늘에 꿰어 붕어를 낚는 모양새였다. 아버지께서 닥나무 껍질로 꼬아 만든 새끼줄을 잡은 오빠들은 낚싯줄인 양 손에 땀이 나도록 기다렸다. 창호지의 작은 구멍엔 반드시 한쪽 눈으로만 바라봐야 만날 수 있는 세상이 있었다.

온 동네를 하얀 눈 이불을 씌워 놓았으니, 날짐승까지 먹잇감이 부족한 것은 당연했다. 눈이 내리면 참새들은 사람이 사는 집으로 먹이를 찾아왔다. 눈 내린 기회를 이용해 집집마다 아이들이 마당에 삼태기를 세우고 참새 낚시를 하는 게 겨울방학이면 행하는 축제였다.

그해 방학은 유난히 추웠다. 동네에 오빠 또래가 많아서 추운 날씨인데도 강에서 썰매를 많이 탔다. 그러나 눈이 내린 아침나절에는 방 안에서 놀이를 즐겼다.

참새잡이로 즐거움을 찾는 농촌 아이들의 놀잇감이었다. 몸집 작은 참새가 무슨 고기냐고 말하면 독특한 고소한 맛이 있다고 했다. 아이들은 어른이 하는 풍습을 놀이 삼아 흉내도 어지간히 잘 따라 했다.

때마침, 큰오빠는 웃음을 한 움큼 입에 물고 박장대소하고 있었다. 앞마당 대추나무 가지 위에 오르내리던 참새 떼가 좁쌀 모잇감의 유혹을 떨칠 수 없었든지 배가 고픈지 짚 삼태기 속으로 날아들었다. 처음에는 삼태기 위에서 짹짹거리며 오르락내리락 했다. 참새들은 주위를 살피며 서로 양보를 했다. 그중에 성미 급한 참새가 삼태기 안, 좁쌀과 수수쌀 유혹에 넘어갔다. 작은 부리로 콕콕 쪼아 먹으니 누가 뒤질세라 몇 마리가 들어가서 합세를 했다. 그때 작은 오빠 싸리 삼태기 속에 참새들도 모이를 먹기 시작했다. 창호지 구멍으로 조준하던 닥나무 노끈 줄이 움직였다. 얼마나 민첩하냐에 따라 참새 포획의 성공 여부가 결정되었다.

오빠 둘 중 간발의 차이로 잡아당긴 삼태기에 서너 마리 잡히기도 하고 모두 달아나는 일도 생겼다. 순간 손이 빠른 큰오빠가 성공했다. 작은오빠 삼태기 안 참새는 0.1초 사이 놀라 달아났다. 이건 올림픽 초 단위 싸움과 닮았다. 0.1초 사이로 옆 삼태기의 움직임을 감지하고 달아난 참새는 살았다. 작은오빠의 싸리 삼태기 속의 참새들은 참변을 면하게 된 것이다. 짚 삼태기 안의 참새 네 마리는 포위된 적군마냥 푸드덕푸드덕 날갯짓을 해도 허사였다.

그렇게 삼태기 속 작은 전쟁은 큰오빠의 승리로 끝났다. 참새를 새벽 쇠죽 끓인 장작불에 구웠다. 내가 보기에 고기도 아니지만 두 형제는 맛나게 먹는 듯했다. 가끔 같이 먹자고 생떼를 부린 적도 있었지만 여자 형제에게는 절대 줘서는 안 되는 금기가 있었다. 훗날 결혼해서 살림해야 할 여자는 참새고기를 먹으면 접시를 깬다는 속설 때문이었다. 그날따라 나의 눈에는 먹이 찾아 마당까지 내려온 참새가 불쌍하게 여겨졌다.

몇 해 전, 부산 송정 오빠 댁에 형제들이 모였다. 증조부 제삿날이었다. 형제가 모이면 으레 어렸을 적 이야기가 등장했다. 바닷가 오빠네 집 마당에서 귀에 익은 참새소리가 들려왔다. 지금도 내 고향 집 마당 모서리에서 마른침을 삼키며 입맛을 다시던 어린 시절이 바다 너울처럼 선명하게 눈에 어린다.

해밀*

비 온 뒤 겨울 한낮은 새침데기다. 알싸한 겨울 추위를 다독여줄 땔나무 사냥은 아버지 몫이다. 집에서 조금 먼 산 비알에 물거리*가 많다. 아버지랑 짝을 이룬 우리 집 씨암소가 늘 생고생이다.

내 어릴 적 고향 집에 군불을 지펴서 온돌과 부엌 연료로 사용되었던 땔감, 외양간 암소에게 먹이는 소여물을 푹 삶는 일도 토막 낸 장작의 몫이다. 장작을 구해야 하는 아버지와 그것을 실어 날라야 하는 암소 모두에게 힘겨운 일이다. 어느 날 어머니께서 비녀 꽂은 머리에 하얀 수건을 고깔처럼 눌러 쓰고, 옥식기에 잡곡보다 흰쌀이 더 적은 잡곡밥을 뜨거운 채로 담아 수건으로 두어 번 감아 묶는다. 따스한 온기가 밖으로 빠져나가지 않도록, 그리고 된장 푼 시래깃국은 양은주전자에 담아 주둥이를 비닐로 싸서 막는다. 아버지가 만드신 둥구미에 낡은 무명이불 조각을 다시 덮는다. 어머니는 짚으로 만든 똬리를 머리에 올리고 둥구미를 이고 집을 나선다. 어머니께서 손수 빚은 탁주는 좀 큰 주전자에 담아 나의 손에 맡기고 앞세운다. 초등학생 때쯤이니 잰걸음으로 30분은 걸었다.

　맞바람에 손이 얼 것 같았다. 행경골 이름을 가진 골짜기에 아버지께서 벌써 나무를 많이 준비해 놓았다. 암소가 매여 있는 골짜기 들머리는 아버지의 위치를 알려주는 나침반 역할을 했다. 나는 얼른 '아버지 점심 가져왔어요. 어매랑 같이 왔어요.' 하고 몇 번을 외쳤다. 그때 '오, 그래 내려갈게.' 멀리서 아버지 목소리가 들려왔다. 어머니는 조그마한 삼베보자기를 두레상 삼아 음식을 꺼내 놓았다. 삼베보자기는 유명한 안동포로 지었다. 봄부터 우리 가족이 씨 뿌려 가꾼 삼, 삼복더위에 찌고 껍질을 벗겨서 일일이 손질해 어머니가 직접 베를 짠 핸드메이드다. 시장기를 느낀 아버지께서 '아이고 밥이 아직 따끈하고 국도 아직 따뜻하네, 고맙소.' 허기진 배를 채우려고 잠시 말이 없다. 아버지는 막걸리를 조롱박 잔으로 두 잔을 마시고 '아이고 이제 뱃구레가 일어나네.'며 헛기침을 했다.

　농한기 나무를 많이 해 놓아야 여름 일철에 농사에만 전념할 수 있다는 걸 알고 있는 동네 아저씨들 모두 땔나무 사냥을 했다. 나는 아직도 잊히지 않는 건 아버지의 나뭇단이다. 여러 종류의 나무를 모아놓고, 짚으로 꼬아 만든 새끼줄을 위아래로 간격을 맞추어 키가 큰 싸리나무로 돌돌 감으면서 묶는다. 어린 내 눈에 신기할 만큼 과학적이었다. 작은 나뭇가지 하나 삐져나오는 것이 없었다. 세 단을 만들어 소등 양쪽에 한 단씩, 그리고 아버지 지게에 한 단이 올라간다. 만약 돌아오는 길이 좁고 가파르면 소바리는 길 옆구리를 툭

툭 부딪치면서 걷는다. 그때마다 소가 고개를 저으면서 힘겹다는 뜻을 몸으로 말하기도 했다. 미안함과 고마운 마음에 '저녁 여물에 등겨를 많이 넣어 줄게.' 하고 어머니가 소에게 속삭여주었다.

　농사철 암소는 열 사람의 몫을 해낸다. 비탈진 화전도 쟁기질하며 무릎이 한 길씩 빠지는 수렁논을 갈아엎어야 하는 힘 좋은 머슴이다. 거기다 품삯도 원하지 않으며 노동의 불만도 없다. 또한 일 년에 한 마리씩 송아지를 낳아주어서 우리 형제들 등록금을 저금해 놓은 은행 역할을 톡톡히 해냈다. 얼마나 고마운 짐승인가. 약 280일 동안 배 속에 품고 출산고통을 치른 어미 소, 송아지를 머리부터 발끝까지 핥으면서 돌보다가 송아지가 오일장에 팔려 나가면 외양간에서 울어대는 어미 소가 너무 애처로웠다. 음~~매 음~~매 쇠죽을 주어도 먹지 않고 눈에서 눈물을 흘렸다. 그때마다 어머니가 '인간 못 된 것보다 말 못 하는 짐승이 났다. 지 새끼 잃고 목으로 음식 넘어가는 어미가 어디 있겠나. 그래! 그래! 그 마음 내가 알지.' 혼자서 중얼중얼 소잔등을 쓰다듬던 어머니 모습이 아직 내 눈에 판화처럼 각인되어 있다.

　문득 비 그친 겨울날 무명화가 화폭에서 만난 늙은 암소, 고마움과 미안함을 안고 바라봤던 우리 집 씨암소 후손은 지금 정육점 붉은 유리벽에 갇혀 있는 모습만 볼 수 있다. 오늘처럼 비가 멎은 오후, 파란 하늘이 내가 사는 마을 가까이 내려와 앉으면, 더욱 아버지와 암소가 보고 싶다.

*해밀 : 비가 온 뒤 맑게 갠 하늘　　*물거리 : 작은 나뭇가지

지우개

　8월의 한낮을 가로질러 도착한 그곳, 어머니는 응급실에서 중환자실로 옮겨지고 있었다. 막냇동생이 혼자서 병원 입원을 마무리한 뒤였다.
　병원에 도착해 동생으로부터 전후 상황을 전해 들으니 갑자기 눈물이 났다. 어머니는 치매 초기와 폐에 문제가 생겼다는 진단이 나와 고향 집에 그냥 계시면 한 달 정도밖에 살지 못한다 했다. 그래서 응급실에서 바로 중환자실로 옮겼다고 동생이 말해주었다. 하지만, 나는 바로 어머니를 만날 수가 없었다. 면회 시간이 정해져 있어서 기다릴 수밖에 다른 방법은 없었다. 몇 시간을 보내는 동안 동생은 직장 때문에 집으로 보내고 내가 병원에 남았다.
　저녁 면회 시간에 처음 어머니를 만났다. '엄마 어디 아프지 않아요?' 하고 여쭙자 '아가 너는 언제 왔나? 여기가 어디야? 왜 이리 사람들이 많나? 오늘 장날이냐?'며 어머니는 연이어 나에게 질문만 하셨다. 낯선 중환자실이 무섭다는 표현도 하시며, 언제 집에 가냐고 어린아이처럼 보채기도 했다.

30분 짧은 면회가 끝나면 다시 내일 아침까지 보호자 대기실에서 마냥 기다리는 지루한 시간과 동행했다. 어머니는 중환자실에서 병마와 싸우고, 나는 중환자 보호자 대기실에서 쪼그리고 앉아 잠을 자는지, 밥을 먹는지 모른 채 간병의 끝이 안 보이는 보호자가 되어 있었다. 그날이 그날같이 매일 똑같은 시간을 보내고 있을 때 한밤중에 복도에서 발걸음 소리가 요란하게 들리면 또 누군가 한 분이 세상을 뜨는 시간이 임박했음을 알 수 있었다.

어김없이 아침 면회시간이 다가오면 보호자들은 모두 줄 서서 기다렸다. 30분의 면회시간을 놓치지 않으려고 1분도 아끼면서 중환자실에 입소했다. 어머니의 코에 산소 줄이 연결된 모습을 볼 때마다 마음이 아팠다. 어머니는 만날 때마다 왜 여기에 있는지 여기 사람들이 모두 이상하다고 말씀을 하셨다. 어느 때는 건너편 병상 위에 누워 있는 환자를 보면서 '아가 저기 너희 아버지가 누워 있다. 바쁜 농사철인데 왜 저기서 잠만 자나?' 면회 시간마다 아버지와 자식들 이야기를 많이 하셨다.

그렇겠지. 아버지도 보고 싶고, 자식도 보고 싶겠지. 하얗게 지워져 가는 머릿속에 마지막 남은 문신 같은 기억이 어머니를 괴롭히는 것 같았다. 하루에 3번 한 번에 30분 면회, 평소에는 나 혼자 만나는 시간이지만 주말엔 형제들이 번갈아 찾아와 면회를 했다. 집으로는 돌아갈 수가 없고 요양병원으로 가야만 했는데, 요양병원은 접수를 해 놓고 입원 차례를 기다리는 중이었다. 입원실 자리가 나온다는 것은 결국 누군가가 세상을 떠나야만 가능한 일이었다.

그렇게 중환자실 대기실이 불편했지만 점점 나는 익숙해져 갔다. 어머니는 시간도 잊은 채 그냥 면회시간이 오길 무척이나 기다리는 눈치였다. 그 짧은 시간에 병실 안의 모든 일을 나한테 전해 주셨다. '오늘은 간호사가 소리 지르더라, 저 영감이 말을 안 들었나 봐.' '어머니께 소리 지르던가요?' 하고 물으면 '나한테는 소리 안 질렀다. 나는 가만히 있으니까.' 하시며 어린아이가 엄마한테 일러바치듯, 면회 시간마다 그날 있었던 일과 점점 희미한 기억들을 되새김질하고 계셨다.

91년의 기억 사진을 하나씩 지워가고 있었다. 오랫동안 감추어져 있던 지우개는 조금씩 지워나가는 중이었다. 평생을 겪어 오면서 살아온 수많은 사건과 사연을, 마지막 한꺼번에 지우는 것 또한 어머니에겐 슬픔이며 아픔일 것이다. 마지막 천륜을 지우지 못해 큰 자식 이름부터 막내아들 이름까지 수없이 부르고 있었다. 다행히 일반 병실로 옮겨서 요양병원 순번을 기다렸다.

주말이 되어 형제들이 찾아오면 반가워하면서도 순간순간 정신이 들면 자식 걱정만 하셨다. '먼 길을 가는데 운전 조심해라, 꼭 밥 먹고 가라.' 이렇게 당신은 이승에 시간을 조금씩 지워 가는데도, 오직 자식들 걱정만 하는 어머니를 보노라니 이별에 대한 무서움보다 천륜의 끈이 더 무섭다는 생각이 들었다. 그렇게 반복되는 시간마다 어머니는 머릿속에 담아둔 기억들과 세상에 대한 미련을 조금씩 지워나가는 일에 익숙해지고 있는 것처럼 보였다.

4주간의 시간이 지난 어느 날 아침, 요양병원에서 연락이 왔다. 병원 앰뷸런스를 타고 요양병원으로 오라고 했다. 같은 병원 재단이라 퇴원수속도 간단해서 바로 앰뷸런스에 어머니를 모시고 출발하는 순간, '아가 집에 가나? 제발 우리 집에 데려가 다오.' 하는 어머니의 목소리에 애원이 담겨 있었다. 91년을 살아온 집이 너무 그리워 집으로 데려다 달라는 부탁, 그 말을 듣는 순간 눈물 대신 마음이 먼저 울었다. 어머니의 간절한 애원도 못 들은 체 요양병원으로 옮겨 입원수속을 마쳤다, 그것도 내 손으로. 저려오는 슬픔에 내 마음은 시퍼렇게 멍들어갔다.

'이게 현대판 고려장이구나.'

산소통과 연결되는 호스 때문에 도저히 집으로 돌아갈 수가 없었다. 이런 것이 사람의 마지막 모습이구나. 아무런 준비도 없이 집을 떠나 병원에서 요양병원으로 늙고 병든 몸을 의탁하는구나. 내 어머니뿐이겠는가. 나 또한 마지막에 내 자식의 손길에 의해 이곳으로 옮겨지겠지. 뜨거운 눈물이 왈칵 쏟아졌다.

이 진한 천륜을 망각의 지우개 하나로 하얗게 지우시는 우리 어머니, 어쩌면 잊는 게 보약이 될 수도 있겠구나. 그래야 세상 인연을 끊을 수 있고 미련도 버릴 수 있지 않을까.

91년의 삶을 모두 지우고 떠나기 힘들까 봐, 어쩜 신이 주신 마지막 선물이 치매가 아닐까 하는 생각이 들었다. 차라리 다행이다. 다 지우지 못하고 세상을 떠날 때 그 아픔은 얼마나 더 클까, 피붙이를 두고 떠나는 고통이 더 힘들겠구나 하는 생각이 들었다.

어머니는 10개월 동안 요양병원에서 일생의 기억을 하얗게 지우고, 추적추적 칠월의 여름비가 내리던 날 돌아올 수 없는 하늘로 먼 여행을 떠나셨다. 모두 지우고 남은 지우개를 손에 꼭 쥐고 막내아들 이름까지 지운 채로 떠나셨다.

어머니의 길

　세 갈래 길을 걸어온 사람이 어머니다. 외할아버지의 외동딸로 태어나 사랑을 담뿍 받으며 솜털 같은 길을 15년 넘게 걸어온 어머니, 곤지곤지, 도리도리, 짝짝 손뼉을 칠 때까지만 해도 달달한 사랑 길이었다. 어머니의 인생길은 신작로에서 흙길, 돌너덜 길, 그리고 가시덤불 길, 황혼의 비단길에서 생과 작별했었다.
　일제 말기, 우리나라 젊은 여성들을 정신대에 무차별로 잡아갔던 일본, 기혼 부녀자는 안 잡아간다는 소식에 윗마을에 사는 아버지와 급하게 혼례를 치르고 신행길에 들어섰다. 시집온 순간부터 우리 어머니의 고생길은 신작로 깔린 자갈처럼 아득하게 펼쳐져 있다는 것을 어린 나이의 어머니는 전혀 예측하지 못했다.
　외갓집보다 가난했던 두메에 사는 아버지한테 시집와서, 우리 여러 형제를 낳고 모진 시집살이와 가난을 이겨내며 살아야만 했던 어머니의 인생길은 눈물의 길이었다. 신혼의 기간도 없는 우리 아버지의 집은 한국전쟁에 불타버렸다. 기와집을 버리고 산골로 옮겨 정착을 했으니, 그 살림살이가 옹색할 수밖에 없었다. 아직 어린 새댁의 마음이 팍팍하기만 했을 것이다. 위로 할아버지, 할머니 모시고 고모랑 삼촌들이 아직 어리기도 했었다. 아버지가 장남이라 맏며느리로 살아가는 고단함에 어머니는 슬퍼할 시간도 없었다.

한 끼의 식사를 책임지는 주부로서 조석朝夕으로 밀려오는 부담감을 이겨내기가 무척 힘들어 차라리 밭에 나가 일하는 것이 백번 편하겠다는 마음이 들었단다.

'가난은 마음의 행복을 쫓아 내기도 한다.'라고 생각하시며 봄부터 산나물과 여름에는 버섯 종류를 닥치는 대로 채취해서 팔며 품팔이도 하면서 우리 집 농사일 그리고 여러 식구의 살림까지 해야 하기에 몸도 마음도 힘들었지만, 그 당시 여자의 일생은 주어진 현실에 순응하며 사는 것이 최선이라 여기며 살아오신 어머니!

고모가 출가를 하고 막냇삼촌도 결혼을 했었다. 우리 형제들이 꼬무락거리며 자라는 희망에 힘든 걸 잊어버린 어머니께서 힘든 현실을 즐거움으로 받아들이며 살았다. 자식들이 자라는 순서대로 살림살이가 좋아졌다. 어머니를 도울 수 있다는 게 기쁨으로 생각하시며, 어린 자식들의 맑은 눈빛을 바라보는 게 가장 큰 낙樂이었다.

이른 아침부터 자식들이 '엄마 이거 해주세요, 엄마 저거 도와주세요, 엄마 학교 다녀오겠습니다, 학교 다녀왔습니다.' 하는 말에 힘을 얻어서 살아가는 보람을 찾고, 일하는 노동과 심적 고통쯤은 별

거 아니라고 억척스러운 삶과 동행하며 자식을 키워냈다.

그렇지만 자식은 자라는 순서대로 어머니 품을 떠났고, 항상 집을 떠나 있는 자식이 배곯지 말라는 마음에 식사 시간이면 밥 한 공기씩 부뚜막에 퍼 놓는 정성이 어머니가 아니고서는 할 수 없는 일이었다. 그것이 어머니의 작은 행복이기도 했었다.

자식이 여러 명 있으면 반드시 기쁨을 주는 자식만 있는 게 아니다. 어떤 자식은 부모에게 상처가 되기도 한다. 우리 형제 중에 어머니의 아픈 손가락은 남동생이었다.

교통사고로 장애인이 되어 휠체어에 몸을 의지하고 살아가는 내 동생, 어머니께서 마지막 눈 감는 순간까지 아린 마음을 내려놓지 않으셨다. 하지만 나머지 자식들이 대체로 반듯하게 자랐고, 나름대로 성공을 했기에 걱정거리는 오직 아픈 동생뿐이었다. 그래도 이 얼마나 다행인가? 형제들이 힘 모아 아픈 동생을 돌보고, 형제들이 각자 가정이 있고 멀리 떨어져 있지만 마음만은 가깝게 살아가고 있었다.

어머니 마지막 황혼 길은 어쩔 수 없는 외로운 길을 걸을 수밖에 없었다. 요즘 사회적으로 변해가는 길을 막을 수 없는 게, 바라보는 자식으로 안타까울 뿐이었다. 요양병원에서 10개월 동안 병원 신세를 지는데, 자식들이 번갈아 가면서 자식으로 최선을 다하는 모습에 우리 어머니는 복 많은 삶이었다고 생각이 들었다.

삶의 마지막 날, 막내아들 이름까지 잊어버린 채, 이승의 미련을

탈탈 털어내고 새털처럼 가벼운 몸과 마음으로 칠월의 장맛비가 내리던 날, 셋째 아들 손잡고 고단했던 어머니의 길을 정리했었다. 이만하면 우리 어머니의 일생은 보람되지 않았는가! 생의 흔적을 지워지지 않는 자식으로 남겨 두고 떠났으니, 이 길보다 빛나는 길이 어디 또 있겠는가. 이승의 삶 가시밭길을 자식과 가족을 위해 걸어오신 어머니, 저승의 길이 있다면 잘 포장된 신작로 길을 홀가분하게 걸으시길 간절하게 기도한다.

> 발문

온고지신이 빚어낸 오래된 미래

박 종 현 | 시인

안목과 발견이 담긴 '애꾸눈 왕의 초상화'

옛날 한 용맹한 왕이 있었다. 이웃 나라와의 전쟁에서 승리를 거두었지만 불행히도 전투 중 한쪽 눈을 잃고 말았다. 승전을 기념하고 왕국의 역사를 기록하기 위해 왕의 초상화가 필요했다. 먼저 궁정화가를 불러 왕의 초상화를 그리게 했다. 궁정화가가 그린 초상화는 자신의 한쪽 눈이 없는 모습을 그대로 그린 모습이었기 때문에 왕은 모욕감과 초라함을 느껴 불같이 화를 내며 그 화가의 목을 베어버렸다.

왕은 곧바로 나라에서 가장 유명한 화가를 불러 초상화를 그리게 했다. 두 번째 화가는 왕의 두 눈이 온전했던 위엄 있는 모습 그대로인 초상화를 그려서 바쳤다. 하지만 왕은 이번에는 자신이 기만당했다는 느낌을 받아 두 번째 화가도 죽여버린다.

이 소식이 알려지자, 나라 안에 사는 화가들이 자신들도 죽임을 당할까 두려워 아무도 왕의 초상화를 그리려고 나서는 사람이 없었다. 그러던 어느 날, 한 시골 화가가 나타나 왕의 얼굴을 그려보겠다고 자원했다. 그의 그림을 본 왕은 흡족해하며 큰 상을 내렸다. 시골 화가가 그린 초상화는 왕의 성한 눈이 있는 쪽 얼굴의 옆모습을 그린 것이었다.

이 이야기는 고대 그리스 시대 안티고노스 왕과 그 시대 최고의 화가였던 아펠레스에 얽힌 일화를 본떠서 만든 이야기다. 이 〈애꾸눈 왕의 초상화〉 이야기는 수필의 본모습을 비유적으로 표현한 것이라 해도 틀린 말은 아닐 것이다. 궁중화가처럼 보고 들은 바를 그대로 글로 쓴 수필, 나라에서 가장 유명한 화가처럼 자신의 상상을 중심으로 진실을 왜곡하여 쓴 수필, 마지막 시골 화가가 그린 초상화처럼 보고 들은 바를 바탕 삼아 자신의 안목으로 왕의 얼굴을 재해석해서 새로운 발견을 그림으로써 독자에게 감동을 주는 수필 등 세 가지 모습의 수필이 있다. 현대 수필이 지향해야 할 가장 바람직한 모습은 바로 시골 화가가 그린 초상화, 즉 경험을 바탕 삼아 자기만의 안목으로 새롭게 발견한 세계를 표현하는 것이라 생각한다.

수필은 작가가 살아온 환경에 가장 큰 영향을 받는 문학 장르다. 작가가 어떤 환경에서 자랐고, 현재 어떤 상황에서 생활하며 자신의 삶에 대해 어떤 가치관을 가지고 살아가느냐에 따라 수필의 모습은 사뭇 달라진다. 시나 소설이 상상을 통해 창작하는 문학 장르라면 수필은 작가의 경험을 바탕으로 삼아 거기에 작가의 가치관과 상상을 가미하여 완성하는 장르이기 때문이다.

수필의 글감은 작가가 언제 어디서 무엇을 하며 살았는가 하는 시간적, 공간적 경험에서 따오는 것도 많지만, 그 시·공간적 경험 속에서 어떤 가치관을 갖고 살았으며 무엇에 유별난 관심을 가지고 살았는가가 수필의 글감과 주제에 더 큰 영향을 준다. 똑같은 시간과 공간 속에서 살았다 할지라도 어떤 대상에 대한 관심을 가지고 있느냐, 그 대상에 어떤 가치를 부여하느냐, 작가가 어떤 인생관을 가지고 살아가느냐에 따라 글감을 바라보는 안목이 달라질 뿐만 아니라 대상에 대한 작가의 해석도 달라져 작품의 품격과 완성도에 결정적인 영향을 주게 된다.

동일한 글감인데도 그 내용과 맛이 달라지는 것은 경험의 차이보다 그 대상을 바라보는 안목과 가치관, 작가의 인생관의 차이 때문에 작품의 완성도와 그 깊이가 달라진다. 글감 못지않게 대상을 바라보는 안목과 대상에 대한 치열한 궁구窮究에서 얻는 발견이 그만큼 중요하다는 것을 의미한다.

김유진 작가의 작품은 안동이란 특정한 공간에서 태어나 성장하면서 보고 들은 대상 중, 전통적으로 이어져 내려오는 풍습, 우리 선조들이 일상생활에서 사용하던 물건, 어린 시절 부모님이나 형제들과 함께 공유한 삶 등을 중심 글감으로 삼아 〈온고지신을 통해 새로운 세계〉를 빚어내려고 노력을 했다. 김 작가의 작품은 대부분 전통적 소재에 바탕을 두고 있다. 그런데 전통적 소재나 풍습, 선조들의 삶을 단순히 드러내는 데 의미를 둔 것이 아니라, 온고지신을 통해 우리가 지향해야 할 세계를 온화한 목소리로 제시해 놓고 있다. 나아가 시골 화가가 그린 〈애꾸눈 왕의 초상화〉처럼 보고 들은 전통 소재를 자신의 안목으로 재해석해서 그 소재에서 새롭게 발견한 세계를 수필로 씀으로써 독자에게 참신함과 감동을 함께 건네고 있다.

수필집 제목인 『얼기미로 걸러낸 해밀』은 방언과 신조어를 엮어서 만든 말이다. '밑바닥의 구멍이 굵고 큰 체'란 뜻을 가진 어레미의 방언인 〈

얼기미〉와 '비가 온 뒤 맑게 갠 하늘'이란 뜻을 가진 〈해밀〉이란 어휘가 만나서 이루어진 말인데, 실제 〈해밀〉이란 단어는 국어사전이나 어원 사전에는 존재하지 않는 신조어지만 해맑고 예쁜 느낌을 주기 때문에 일상에서 쓰면 좋을 것 같은 단어다.

  수필집 「얼기미로 걸러낸 해밀」은 그 제목 자체에서 김유진 작가가 어떤 가치를 추구하고 있는가를 짐작해 낼 수 있다. 경상도 방언인 〈얼기미〉와 신조어인 〈해밀〉에 대해 조금만 관심을 갖고 생각해 보면 김 작가가 담아내고자 한 가치가 무엇인지를 쉽게 찾아낼 수 있다. 토속적이면서 전통적인 풍취가 배어있는 사투리인 〈얼기미〉에는 과거적이면서 향토적인 공간을 뜻하는 의미가 담겨있다면, 그 얼기미로 걸러낸 〈해밀〉에는 미래적이고 희망적인 삶을 지향하는 의미가 담겨있다. 이렇게 볼 때, 『얼기미로 걸러낸 해밀』은 〈오래된 미래〉의 다른 표현이다. 이것이야말로 김 작가가 진심으로 꿈꿔온 세상인지도 모른다. 옛 문화를 바탕 삼아 새로운 문화를 창조하고자 하는 온고지신溫故知新의 마음이 담겨있다고 생각한다.

  서울이 아닌 시골인 안동에서 태어난 김 작가가 쓴 수필집 『얼기미로 걸러낸 해밀』과 한 시골 화가가 그린 〈애꾸눈 왕의 초상화〉는 안목과 발견, 배경과 방향성, 그 목적과 가치 등 여러 면에서 서로 닿아 있음을 알 수 있다.

얼기미로 친 글의 멋과 품격

김유진 작가는 전통적인 풍습이나 선조들이 일상생활에서 쓰던 물건에서 멋과 지혜, 그리고 품격을 느꼈을 것이다. 그 멋과 지혜, 품격이 느껴지는 옛 소재를 보면서 〈온고지신을 통해 새롭고 아름다운 세계〉를 표현하려고 했다. 전통적 소재나 풍습, 선조들의 삶을 드러내고자 하는 데 의미를 두지 않고 온고지신을 통해 우리가 지향해야 할 세계를 온화한 목소리로 제시해 놓고 있다.

김 작가의 〈얼기미로 걸러낸 해밀〉의 글감은 전통적 소재와 선조들의 삶이 대부분을 차지하고 있다. 그 낡고 오래된 글감을 작가가 재해석해서 글감 속에 숨어 있는 새로운 가치와 의미를 발견해서 참신하게 표현한 점이 돋보인다. 전통적이고 낡은 소재에서 새로운 세계를 발견한 점이 김 작가의 비범성이면서 글의 품격을 높이는 힘이 아닐까 하는 생각이 든다.

돌쩌귀, 귀주머니, 고리, 고래, 코뚜레, 맥질, 짱돌, 똬리, 돌꼇, 계자난간, 토렴 등 대부분의 소재가 전통적이면서 토속적이다. 그러면서 사물의 본질을 파헤쳐 놓고 그 가치를 펼쳐 놓은 점이 예사롭지 않다. 가장 향토적인 것이 가장 세계적이란 말은 김 작가의 글을 두고 한 말인 것 같다.

200년 전에 1,600도 온도를 이기면서 만들어진, 무쇠 돌쩌귀가 아니면 지금까지 멀쩡하게 버틸 수 있을까. 성한 몸으로 격자무늬 문짝을 버티게 해 준 고마움과 반가움이 교차했다. 만약, 이 돌쩌귀가 고장 나면 수리할 곳도 교환

할 곳도 없다. 문을 통째로 교체해야 할지도 모른다.

돌쩌귀와 문설주에 고마워하며, 앞으로 격자 문살에는 일 년에 한 번씩은 한지로 새 옷을 입혀주고 돌쩌귀에는 갓 짜 온 들기름을 흠뻑 먹여 줄 것이라 약속을 했다. 여름이면 방마다 양문을 활짝 열어 앞산의 시원함을 불러들이고, 겨울이면 문풍지 사이로 바람을 몰아내 주는 일은 돌쩌귀가 모두 담당했다.

돌쩌귀는 200살의 나이를 먹어도 삐그덕 소리 나는 관절통이나 골다공증도 없다는 게 얼마나 다행한 일인가. 고마움을 새삼 느낀 하루였다. 커다란 격자무늬에 가려 돌쩌귀의 소중함을 미처 깨닫지 못했다. 한 쌍의 무쇠 돌쩌귀가 없었다면 한복의 마지막 옷고름을 매지 못한 격이 되었을지도 모른다. 돌쩌귀는 마지막 옷매무새를 다듬는 역할을 한 것이라는 생각이 든다.

─「돌쩌귀」의 일부분

문짝에 가려 잘 보이지도 않는 돌쩌귀의 존재가치를 밝혀 놓은 작품이다. 격자무늬 문짝의 은은한 아름다움은 돌쩌귀에서 시작된다. 문을 여닫을 때의 부드러운 소리뿐만 아니라, 문을 열어놓았을 때 건너편 산이 방 안으로 들어와 아름다운 배경이 되어주는 풍경은 그 공간에서 사는 사람의 품격을 더해주는 역할을 한다. 지극히 사소한 소재인 돌쩌귀에서 전통적인 멋을 찾아낸 안목이 놀랍다. 돌쩌귀에서 '한복의 마지막 옷고름'과 '옷매무새'를 발견한 점은 '돌쩌귀'란 낡고 평범한 소재에다 참신한 의미를 창조한 비범함의 표출이라 할 수 있다. 이러한 비범함이 수필의 품격을 높이는 데 큰 몫을 한다.

사랑방 구들장 고래 길은 구불구불하게 이어져 있으며 납작한 강바닥 청석돌로 구들을 만든 선조의 지혜가 도드라져 보였다. 장작의 소신공양으로 한번 불길이 들면 따뜻한 온기가 오래 머물 수 있도록 만든 온돌, 오늘날의 과학을 능가하는 지혜로움이 숨어 있었다. 어머니와 나는 물 조리개로 심부름하며 목마름을 염려해서 막걸리와 식혜를 번갈아 대접했었다. 이렇게 대수술이 끝나면 다가올 겨울은 아무 걱정이 없다고 안도의 한숨으로 어머니는 걱정을 내려놓으셨다. 온종일을 지불하면서 끝낸 아궁이에 마른 덤불을 넣고 성냥불을 붙였다.

검정 가루로 분칠한 고래 길은 대수술이 끝난 후, 연가(煙家) 위로 검정 연기를 밖으로 숭숭 내뿜고 있었다. 고래 길은 아랫목에서 시작해 윗목까지 이리저리 이어 놓은 불길이 골고루 잘 퍼지도록 놓여있었다. 과학은 연구와 실험의 결과로 얻어지지만 지혜는 반복되는 체험에서 얻는 것이다. 체득하여 얻은 옛사람들의 지혜는 오늘날의 과학을 뛰어넘고 있다는 점이 놀라웠다.

– 「고래」의 일부분

'고래'는 온돌에서만 찾을 수 있는 구조다. 온돌은 방바닥 밑 구들을 달궈 방 안을 따뜻하게 덥히는 우리나라 고유의 난방구조다. 아궁이에서 불을 때면 불기운이 방 밑 구들에 머물면서 방바닥 전체의 온도를 높여 주고, 천천히 굴뚝으로 연기가 빠져나가도록 만들어 열효율을 높인 지혜의 결정체다. 위생과 건강, 편리성 등을 종합적으로 판단할 때 온돌은 매우 효율적이다. '체득하여 얻은 옛사람들의 지혜'가 이루어놓은 온돌이 서양의 과학이 이루어놓은 문화보다 훨씬 우월하다는 것을 설파하고 있다. 우리의 전통 가옥구조인 '고래'를 바라보는 김 작가의 참신한 안목이 새로운 의미와 가치 발견에 이바지했음을 알 수 있다.

가을걷이 끝날 무렵 겨울 식량이며 반찬의 대장직을 맡았던 김장김치 담는 김장철이 오면 어머니께서는 납작하고 깨끗한 짱돌을 준비하셨다. 항아리 소독부터 배추김치, 석박이, 무짠지 모든 김칫독에 짱돌을 사용하셨다.
　먼저, 일 년간 쉬고 있던 빈 독을 소독할 때는 장작불에 짱돌을 구워서 항아리 속에 넣었다. 그럴 때마다 항아리 속에는 김도 아니고 연기도 아닌 것이 푸시시푸시시 소리를 내면서 소독을 한다. 그럴 때면 뚜껑까지 꼭 닫아서 다 식을 때까지 기다린다. -「짱돌」의 일부분

'짱돌'은 시골의 시내나 계곡에서 쉽게 찾을 수 있는 소재다. 이처럼 흔하고 평범한 소재인 '짱돌'을 가치 있는 존재로 만들어 놓고 있다. 대부분의 작가들은 특이하게 튀는 소재를 글감으로 삼는 경우가 많다. 김 작가는 다른 사람 눈에는 별것도 아닌 소재에 새로운 의미를 불어넣어 존재가치를 갖게 하는 남다른 능력을 가졌다.

　지극히 사소한 소재인 '짱돌'을 김 작가 자신만의 안목으로 들여다본 뒤 그 사물의 본질을 파헤쳐 놓고 그 소재에다 새로운 가치매김을 했다는 점이 예사롭지 않다. 사소하고 향토적인 소재를 가치 있는 존재로 둔갑시켜 놓은 김 작가의 능력이 새삼 돋보인다. 얼기미 같은 안목으로 평범한 소재에서 발견한 가치를 참신하게 표현할 줄 아는 역량이 수필의 품격을 높이는 힘이다.

무량수無量數의 정성과 사랑에서 얻은 계영배戒盈杯의 지혜

김 작가는 할머니와 부모님으로부터 끝없는 사랑과 정성을 받았다. 무량수無量數로 받은 정성과 사랑에서 세상을 살아가는 지혜를 터득한 것 같다. 지혜를 무량수로 받았다면 그 지혜가 넘쳐 영특함으로 변질될

수 있다. 무량수의 정성과 사랑은 품성을 아름답게 하는 데 기여한다는 것을 안 부모님께서는 김 작가에게 정성과 사랑은 한량限量 없이 베풀어 주신 대신 지혜로움은 계영배에 부어서 전해 주신 것 같다. 과음을 경계하기 위해 술을 어느 한도 이상으로 따르면 술잔 옆에 난 구멍으로 술이 새도록 만든 잔을 계영배戒盈杯라고 부르는데 과유불급의 지혜와 한량 없는 정성과 사랑이 김 작가로 하여금 참된 지혜와 아름다운 심성을 기르는 데 큰 도움을 주지 않았나 하는 생각이 든다. 지금 김 작가가 자녀들이나 지인, 이웃에 건네는 사랑과 정성, 배려의 마음은 무한정한 데 비해, 절제된 지혜로움을 발휘하며 살아가는 모습을 보면 그 모든 것이 부모님으로부터 물려받은 자산이 아닐까 하는 생각이 든다.

겨울철 산골살이 중 가장 힘든 것은 추위와 싸우는 일이다. 그것은 또한 전쟁 같았다. 우리 집 외양간이 다행스럽게 원채에 딸려 있었다. 당시에 재래식 아궁이에 불을 지피면 어미 소와 송아지까지 그 온기의 덕을 보았다. 볕 좋은 날 바깥마당에서 소와 송아지가 입은 덕석을 벗기고 아버지가 싸리비로 소 등을 쓸어내리시면서 마른 목욕을 시켰다. 소는 시원하다는 듯 커다란 눈을 껌벅이며 먼 산을 물끄러미 쳐다보기만 했다. 송아지는 어미 속을 아는지 옆에서 덩달아 머리를 주억거리고 코를 한쪽으로 실룩이며 웃는 듯한 표정을 지었다.

겨울철이면 아버지는 추수한 볏짚으로 멍석, 덕석, 꼴망태까지 만들고, 여름에는 연한 싸리나무를 삶아서 껍질을 벗겨서 광주리를 만들어 사용하였다.

그해는 유난히 추운 겨울이었다. 어미 소와 송아지 덕석은 가끔 오물에 젖기도 했다. 그런 날이면 여유분으로 준비되어 있는 덕석이 아주 요긴하게 쓰였다. 오물에 젖은 덕석 옷을 벗기는 아버지께서, '아이고 이를 어째! 이 추운 날씨에 밤사이를 못 참고 실례를 했는가.' 하시면 소는 비스듬히 앉아서 잠을 잔다.

밤사이 오줌이나 쇠똥을 싸면 덕석이 젖어버린다. 조금만 젖어도 새것으로 갈아입히는 우리 아버지는 소에 대한 사랑이 지극하셨다. -「덕석」의 일부분

소를 대하는 아버지의 자세에서 끝없는 사랑과 정성을 느낄 수 있다. 그러면서 '볕 좋은 날 바깥마당에서 소와 송아지가 입은 덕석을 벗기고 아버지가 싸리비로 소 등을 쓸어내리시면서 마른 목욕을 시키는' 모습과 잠자리에서 실례를 한 소의 '오물에 젖은 덕석 옷'을 벗기고 '새것으로 갈아입히는' 아버지께서 소에게 건네는 정성과 사랑에서 김 작가는 정성과 사랑뿐만 아니라 불립문자不立文字로써 삶의 지혜를 터득했을 것이다.

아버지는 평생 한복을 입으셨다. 그러니 어머니의 고단함이 얼마나 심했을지 짐작이 간다. 아버지의 외출복에는 두루마기까지, 제삿날에는 도포까지 입으시니 한 번의 외출 후에는 반드시 저고리 하얀 동정을 교체해야만 했다. 농번기에 입는 작업복도 당연지사 한복이니 그 빨랫감이야 늘 산더미처럼 쌓였다. 어머니의 고생보따리였다.
한복의 천에 따라 대님이 달랐다. 봄, 가을에는 무명옷이 많았으며. 여름에는 특산물로 지정된 안동포의 삼베 한복을 주로 이용했다. 겨울에는 두툼한 무명 솜 누비 한복을 입었으며, 양단과 인견, 누비도 많이 이용했다. 누비도 어머니 손수 누비면서 밤잠을 줄여야 하는 고단함을 아버지는 전혀 모르고 있었으며 알려고 하지도 않았다. 어머니는 호롱불 아래 천근 무게로 짓누르는 눈꺼풀을 치켜들면서 바늘과 씨름하며 고달픔을 혼자서 이겨내는 어머니는 우직한 소를 닮아 있었다. -「대님」의 일부분

'대님' 역시 가족(아버지)을 향한 어머니의 끝없는 희생과 봉사, 사랑

과 정성을 엿볼 수 있다. '호롱불 아래 천근 무게로 짓누르는 눈꺼풀을 치켜들면서 바늘과 씨름하며 고달픔을 혼자서 이겨내는' 어머니의 우직한 모습에서 희생과 사랑을 만났겠지만, 궁극적으로 만난 것은 '천근무게'보다 더 두텁고 값지게 되돌아온 아버지의 사랑과 신뢰, 그리고 가족의 가치였을 것이다. 무한정한 사랑과 정성에서 어떻게 살 것인가에 대한 지혜를 터득했음을 익히 짐작해 낼 수 있다.

그렇게 4잠을 자고 나면, 누에고치를 지으려고 먹는 것도 중단하고 수런대는 소리가 바쁘게 들렸다. 누에는 배설물을 다 버리고 깨끗한 몸으로 마지막 수행에 들어간다. 아버지가 봄부터 어린 소나무와 참나무 가지를 베어 와서, 음지에서 잘 말려서 준비해둔 섶을 만들어 주었다. 그동안 귀한 대접받은 누에는 새하얀 고치로 보답하려고, 천 미터가 넘는 비단실을 입으로 뽑아내는 수고를 마다하지 않았다.

처음 며칠은 방 안을 어둡게 해주어야 한다고 방문 앞에 검은 천을 덧대어 걸어놓았다. 그렇게 며칠이 지나 잠실 문을 열었을 때, 눈앞에 펼쳐진 세상은 그야말로 장관이다. 다 자란 누에는 좀 징그럽고 무섭게도 느껴졌지만, 변신한 이 모습은 감탄이 절로 나왔다. 나뭇잎 사이사이로 하얗게 8자 모양의 비단 재목으로 지은 집, 우리 가족이 모여 함박웃음으로 한 달 농사를 마무리했다. 너무나 깨끗하기에 손부터 씻고 작업을 했다. —「추잠」의 일부분

가족뿐만 아니라, 농사일, 자연, 살아있는 모든 존재를 대하는 정성과 사랑이 얼마나 지극했는가를 '추잠'을 치는 어머니의 모습을 통해 김 작가는 발견했을 것이다. 그 지극한 정성과 사랑이 아름다운 보상으로 이어진다는 지혜로움도 그때 터득했을지도 모른다. 정성과 사랑은 한

량 없이 건네되, 그로 인해 보상받은 지혜는 계영배에 담아 적절하게 누리려고 하는 삶에서 어떻게 사는 것이 현명하고 아름다운 삶인가를 독자들에게 제시해 주는 것 같다. 정성과 사랑은 넘치게 건네고, 지혜로움은 계영배의 그릇에 담아 발휘하려고 한 그 마음이 수필의 미덕을 갖추게 하는 데 일조하지 않았나 하는 생각이 든다.

온고지신으로 펼친 오래된 미래

우리 고유의 풍습, 옛 농기구나 노리개가 그냥 전시품으로만 존재한다면 큰 의미가 없을지도 모른다. 우리의 옛것에서 조상들의 지혜로움과 미덕을 찾아내어 현재의 삶에 이바지하게 하고 옛것의 가치를 발휘하게 하는 것이 옛것을 가까이하는 목적이 아닐까 하는 생각이 든다. 옛것에서 고됨과 불편함보다 생태적 가치나 건강과 행복을 생산하는 가치가 더 높다고 인식한다면 마땅히 그 옛것을 좇아 살 만한 가치가 있다고 여길 것이다.

헬레나 노르베리 호지의 〈오래된 미래〉에서 제시한 라다크 프로젝트를 수행하는 일은 전 인류가 함께 추구해야 할 과제이면서 후손들이 건강하고 행복하게 살아갈 수 있는 미래를 마련해 주기 위한 우리의 기본적인 책무다. 김 작가는 여러 작품에서 '오래된 미래'에 대한 속내를 피력해 놓고 있다. 물론 강한 어조로 드러낸 것이 아니라 은은한 목소리로 스스로의 생각과 가치를 펼쳐 놓고 있다. 바람과 태양이 나그네의 외투 벗기기 내기에서 태양이 이겼듯이, 강한 어조보다 따뜻한 표현이 더 큰

효과를 얻을 수 있다는 것을 김 작가는 이미 터득하고 있었던 것 같다.

　　우리 집은 3대가 한 지붕 아래 살았기에, 할머니에 대한 어머니의 세심한 배려가 일상처럼 반복되었다. 저녁이면 아버지께서 참나무 장작으로 아궁이의 입이 터지도록 군불을 지피고, 아버지와 할머니 겸상한 저녁 식사가 끝나면 입가심으로 숭늉이 필수였다. 어머니의 빈틈없는 준비성은 언제나 별반 다름이 없었다. 동그란 쟁반과 생수를 담은 주전자, 사기 대접을 마련하면 할머니의 긴긴 겨울밤의 자리끼 준비가 끝난다.
　　할머니의 자리끼는 가끔 어린 우리 형제의 급체를 막아주기도 했다. 특히 군고구마를 먹을 때 동치미 한 그릇이 부족할 때면, 윗목에 자리 잡은 할머니의 자리끼는 어두운 바깥출입을 막아주었다. -「자리끼」의 일부분

　몇 년 전에 가습기 살균제 사건으로 인해 온 나라가 발칵 뒤집힌 적이 있다. 수많은 사람이 살인 가습기 살균제 때문에 목숨을 잃었다. 우리 조상들은 오래전부터 천연가습기를 써 왔다. 바로 물수건과 자리끼다. 자리끼와 함께 윗목에다 물수건을 마련해 두면 가습기로서 충분한 역할을 해낸다. 전기세도 필요없고 인체에 해로움을 주지 않는 자리끼와 물수건은 가열식 가습기처럼 세련되지는 않지만, 미래 세대들에게 천연가습기와 응급용 식수로 추천할 만하다. 크고 대단한 것이 우리의 미래가 아니라, 지극히 사소하면서도 건강과 행복을 지켜주는 존재가 우리가 추구해야 할 오래된 미래로 닿게 하는 노둣돌이다.

　　아버지께서 대나무와 곧은 싸리나무로 온갖 종류의 바구니를 만들었다. 대나무는 주로 커다란 바구니랑 작은 석작을 만들며, 싸리나무는 상자나 중

다래끼 만드는 데 사용했다. 주로 부엌에서 쌀을 씻어 일어 담는 조리는 조릿대로 만들었다.

  댓잎이 푸른 겨울에 나무를 베어서 그늘에 살짝 말려 놓으면, 아주 좋은 재료가 되었다. 석작은 대개 대나무 속대로 만들었다. 대나무 겉대는 커다란 바구니를 많이 만들며, 가끔 마당의 봄나물을 넣어 말리는 발을 만들기도 했다. 그 과정은 무척이나 수고롭고 위험도 따랐다.

  아버지 손은 대나무에 여러 번 찔리고, 대나무를 쪼개는 과정에서 날카로운 칼에 여러 번 베여 피를 흘리는 일이 종종 있었다. 싸리나무보다는 대나무가 불편함을 더 주어도 완성된 그릇의 씀씀이가 달라 대나무 그릇을 즐겨 만드셨다. 아버지의 수고로움이 많아도 대나무 그릇이 완성되었을 때 좋아하시는 어머니의 환한 얼굴을 보시는 게 아버지의 낙이었다.

  오늘날에 내가 생각해 봐도 석작을 비롯한 바구니는 건강한 그릇임에 틀림이 없다. 어머니의 애장품 석작, 반짇고리부터 삶은 보리쌀을 보관하던 대나무 바구니는 친환경 그릇이면서 멋까지 있었다. - 「석작」의 일부분

전 세계적으로 플라스틱 공해는 매우 심각한 상태다. 2020년 통계에 의하면 1인당 플라스틱 사용량 세계 1위가 우리나라라고 한다. 플라스틱 분해시간이 최대 400년이나 걸린다고 하니 전 세계의 인류가 경각심을 가지고 플라스틱 사용을 줄여야 한다. 미세플라스틱에서 검출되는 유해 물질은 각종 암을 비롯한 기형아 출산 등 여러 가지 질병을 유발한다.

한 세기 전만 해도 우리나라는 플라스틱 걱정이 없었던 청정지역이었다. 김 작가가 어렸을 때만 해도 대나무와 싸리나무로 만든 바구니와 반짇고리 등 친환경 그릇을 주로 썼다. 음식을 상하지 않게 하고 건강에

도 이로운 생활도구였는데 지금은 플라스틱 그릇에 그 자리를 뺏기고 대나무와 싸리나무 그릇은 골동품으로 전락해 버렸다. 넘쳐나는 플라스틱 그릇으로 인해 환경이 파괴되어가고 건강도 위협받고 있는 상황에서 벗어날 수 있는 길은 오래전 우리 조상들이 사용한 대나무와 싸리나무로 만든 그릇을 다시 사용하는 것이 아닐까 하는 생각이 든다. 그것이 '오래된 미래'로 가는 징검돌이 될 수 있을 것이란 생각을 김 작가는 '석작'을 통해 우회적으로 제기해 놓고 있다.

먼저 햇찹쌀로 고두밥을 지어 놓았다. 겨울 무 구덩이에 함께 보관하던 생강을 몇 개 꺼내 손질을 마쳤다. 준비해 둔 무채와 붉은 고춧가루 물을 섞어놓고 생강을 으깨어 고운 체에 내려서 그 즙만 사용한다. 엿기름도 집에서 할머니와 어머니께서 만들어 사용하셨다. 엿기름은 여름에 보리타작이 끝나고 깨끗하게 씻은 보리를 삼베자루에 넣은 채 냇가 흐르는 물속에 며칠을 보관해 놓았다가 자루를 건지면 벌써 보리는 눈을 틔우고 있었다. 물속에서 건진 보릿자루를 물이 잘 빠지도록 며칠을 두면 싹이 톡톡 자랐다. 싹이 너무 자라도 못 쓰고 약 0.5센티미터 정도 자랐을 때가 가장 영양가 좋은 엿기름이 만들어진다고 했다.
할머니께서는 가끔 '성질 급한 놈 입보다 보리 싹이 더 빠르다.'라고 말씀하실 때가 있는데 그만큼 보리는 습기만 닿으면 더운 날씨 탓에 싹이 빨리 튼다는 말씀이었다.
마지막은 차갑지도 뜨겁지도 않은 고두밥을 함께 버무려서 항아리에 보관했다. 끓이지 않아도 며칠이 지나면 자연 발효가 되었다. 그리고 먹을 당시에 고명으로 잣이나 몇 개 띄우면 손님 대접에도 손색이 없었다.

－「붉은 소화제」의 일부분

수많은 인스턴트 식품이 사람들의 입맛을 사로잡고 있다. 요즘 들어 스테비아(스테비오사이드)를 사용한 과일이 시중에 판을 치고 있다. 음식의 겉모습이나 맛보다 건강에 미치는 영향을 더 가치 있게 여기는 시대가 언젠가는 올 것이다. 발효식품인 안동식혜는 만드는 과정에 공이 많이 들어간다. 하지만 수고로움 뒤에 오는 보상은 참으로 크다. 가족의 건강을 지키고 옛날 전통의 맛을 이어갈 수 있는 '안동식혜'와 '가양주' 등이 온고지신인 옛것을 이어받아 건강하고 새로운 세상을 열어갈 '오래된 미래'의 음식이 아닐까 하는 생각이 든다. 인스턴트 식품과 같은 '속도'와 '편리'의 세상보다 발효식품과 같은 '정성과 깊이'와 '방향'이 더 소중하다고 평가받는 시대가 올 것이다. 그런 시대의 현실화가 곧 '오래된 미래'다. 김 작가는 자신의 깜냥으로 의식주의 '오래된 미래'가 머지않아 도래할 날을 고대苦待하고 있는 것 같다.

애꾸눈 왕의 초상화에 그려진 해밀

지금도 귀농, 귀촌하는 사람들이 꾸준히 이어지고 있다. 답답하고 팍팍한 도시생활에서 벗어나 아름다운 자연과 더불어 인정이 스며있는 시골에서 살고 싶어하는 바람에서 시골을 찾는다. 자연과 더불어 인간애가 스며있는 곳에서 인간답게 살아가고, 옛날 어머니들께서 자식들에게 베풀던 정성과 사랑을 만나고 싶어서 시골을 찾는지도 모른다. 과학과 물질이 지배하는 오늘날, 따뜻한 인정과 존중, 정성과 사랑에서 찾아낸 지혜를 통해 이루어낸 건강과 행복이 넘치는 세상을 '오래된 미래'라고 명명命名해도 좋을 성싶다. '오래된 미래'가 곧 김유진 작가가 닿고자 하는 세상인 해밀이자, 김 작가가 그리고자 한 '애꾸눈 왕의 초상화'일 것이다.

하지만 귀농인, 귀촌인을 제외하면 대부분의 사람들은 농촌보다 도시에서의 생활을 선호하는 실정이다. 그런 의미에서 본다면 농촌은 소외받은 공간이다. 한쪽 눈이 없는 애꾸눈 왕 신세가 된 농촌이다. 그러한 농촌을 김유진 작가는 자신의 안목으로 새로운 애꾸눈 왕의 초상화를 그렸다. 누구나 한 번쯤 가서 살고 싶은 곳, 정성과 사랑 그리고 인정이 넘치는 곳, 돈으로 산 지식보다 어른들의 지혜가 살아있는 곳을 바로 '오래된 미래', 자발적 불편을 감수하면서도 살고 싶은 이상적인 공간으로 설정해 놓고 있다.

옛것인 '얼기미'로 새로운 이상세계인 '해밀'을 걸러낸 온고지신의 안목으로 자신만의 아름다운 세계를 만들어 낸 김유진 작가의 문학적 성취에 진심으로 박수를 보낸다.